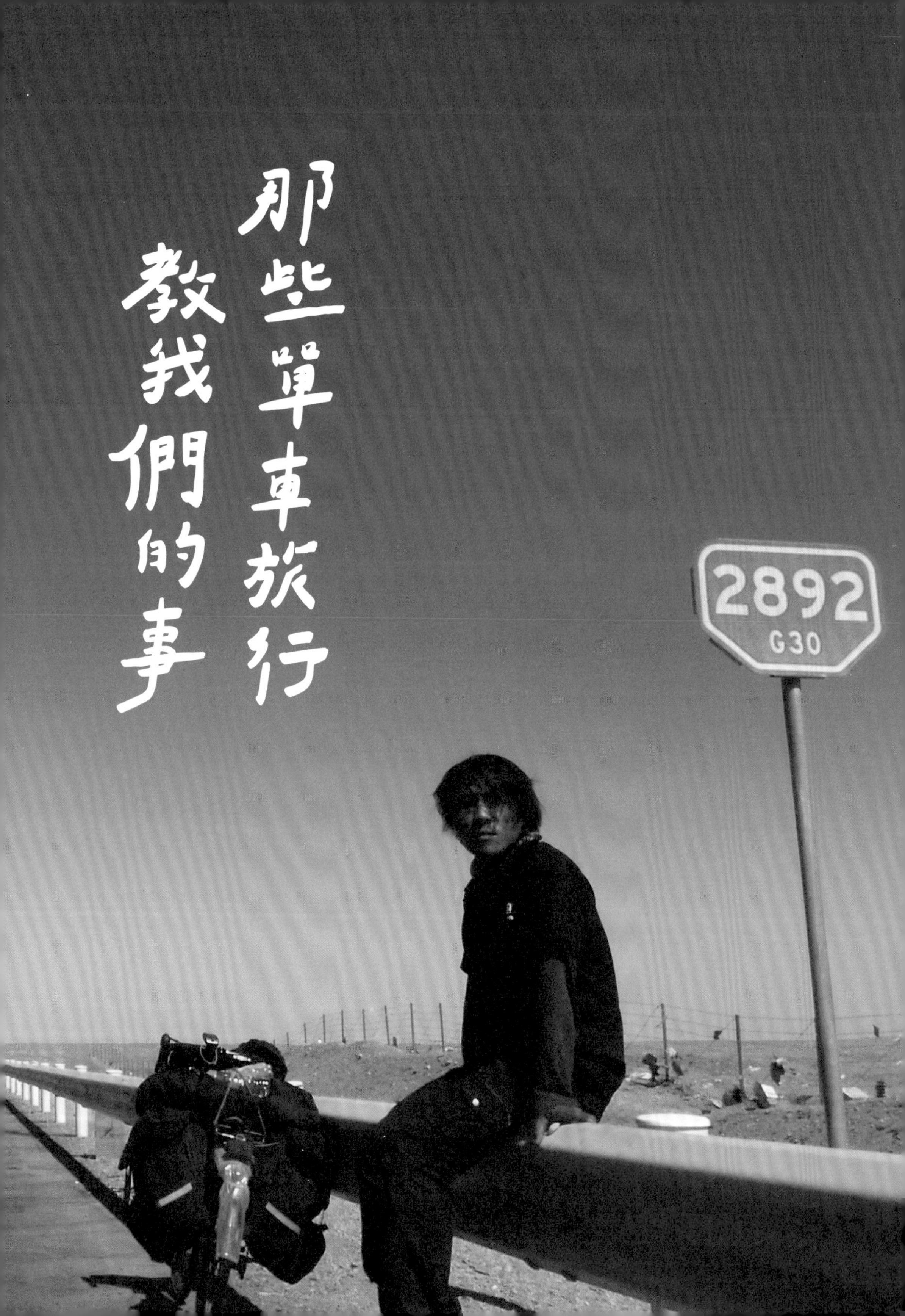
那些單車旅行
教我們的事
2892
G30

作者序

　　不知不覺這趟看不見終點、遙無止境的華麗冒險就這樣一路走來十餘年了。真要問我：「為什麼要『一直』騎單車旅行？」我還真說不上來為什麼。或許就只是在最一開始時，我選擇騎單車的方式來看看這個世界，如此罷了！

　　這本書是「踩踏三部曲」的第三部曲，節選了我在單車店工作的那五年間完成的二○一三年絲路行、二○一四年印度行、二○一五年冰島逐極光、二○一六年縱斷非洲的部落格紀錄；礙於篇幅的因素，只能忍痛取捨了二○一二年青藏篇。至於第二部曲的二○一○年縱斷日本及第一部曲的二○○七年單車環北海道，都完整記錄在我的部落格裡，期待有一天以不同的樣貌再呈現。

　　我要特別感謝我的日文啟蒙──陳慧珍老師，在我徬徨少年時，給予我人生的方向與建議；當身邊的人聽到連爬樓梯都會喘的我，竟發下狂語說要去騎單車環北海道，覺得我不是瘋了，就是傻了，甚至還有人用手背擺在我的額頭上，戲謔地問我：「是不是腦子燒壞了？」時，只有陳老師相信我一定能做得到，能邁出那最困難的第一步。

　　環北海道出發前夕，我帶著一顆忐忑不安的心情，到陳老師辦公室促膝長談，並感慨的說出：「陳老師啊！對於您的恩情，現在的我實在是無以回報啊！」

　　「你不用回報於我，只要記得以後當你有能力時，遇到需要幫助的人，不要吝惜給予，將『善緣』種子傳遞下去，如此這個世界才會越來越美好。」陳老師只是輕描淡寫地回應。如今，十幾年過去了，萬水千山尋，我才明白您那一席話的真正含義。

　　這本書沒來得及出版，是一輩子的遺憾。

　　人生就像坐上了一班無法回頭的單程長途列車──雖然終點都一樣，且我們都是一個人默默地上車，又默默地下車；沒人知道列車會如何蜿蜒迂迴，接下來的風景又是如何，下一個中繼站是哪裡；會有哪些人坐上同一班列車，或是待在同一節車廂，甚至是比鄰而坐；又會有哪些人在中途下車，彼此擦肩而過，一輩子再也見不著面。

　　或許，望著這些倉促離去的身影，我們會感到傷心難過捨不得，痛心疾首；然而，相逢就會有分離……相逢正是為了分離而存在。只是，這世上最令人惦念不已的，是那些來不及好好說再見的短暫過客。

　　就像五月天怪獸唱的那樣：「也許我這一生始終在追逐那顆九號球，卻忘了是誰在愛著我，卻忘了是誰在罩著我……」

於是，村上春樹說：「死不是生的對極，而是以另一種形式存在著。」那些來不及說出口的話語、思念，及感謝，即使在某個午夜夢迴的輾轉長夜，壓得我們喘不過氣時，日子還是要過下去。世界上的每一個人，誰不是都在等待著陽光普照的那一天到來；誰不是懷抱傷痛，遍體鱗傷地一路走下去。

若這本書能激盪起任何一個曾傷痕累累的柔軟內心一點點漣漪，那將是我一輩子的福份。獻給每一個曾經深愛過我、現在仍深愛著我的每一個人。這樣我就可以永遠地活在這個世界上，如同那些永遠活在我心中，像斷了線的風箏，戛然而止的每一個自由靈魂。

當驀然回首這些悲歡離合與酸甜苦辣時，我們都能夠坦然地面對這一切，莞爾一笑。人生總有上坡與下坡，而這一切只是過程，如同我們腳下點點滴滴累積的單車旅行。

Alashi

Alashi 阿拉喜

1982 年生，有一個單車環球工作室，還有三隻貓。自己的期許是一年一個國家，完成單車環球的夢想。

輪跡有：

- ◆ 2007 年　單車環北海道 43 天 3000 公里
- ◆ 2010 年　單車縱斷日本 118 天 5000 公里
- ◆ 2012 年　單車騎進西藏（青藏線）37 天 1400 公里
- ◆ 2013 年　絲路 44 天 3000 公里
- ◆ 2014 年　北北印、拉達克 10 天 600 公里
- ◆ 2015 年　環冰島 45 天 1500 公里
- ◆ 2016 年　縱斷非洲（埃及到肯亞）79 天 5200 公里
- ◆ 2016 年　環北海道 45 天 1400 公里
- ◆ 2017 年　西葡朝聖之路 30 天 1600 公里
- ◆ 2018 年　冰島極光夢 24 天 470 公里

個人網站

Facebook
粉絲專頁

推薦序

旅途中的好事壞事，都將成為獨一無二的人生故事

認識阿拉喜一段時間了，一開始僅止於網路上的交流，直到二〇一八年我們結束橫跨歐亞的單車旅行後短暫回到台灣，他和 Jessie 力邀我們一起吃麻辣火鍋，還記得當時我們兩組人像 double dating 那樣相對就座，剛開始雙方只顧吃沒什麼交談，初次見面似乎都有點害羞也有可能是真的餓了，但一聊到單車旅行，阿拉喜的眼睛便綻放光芒，那樣專注而發亮的眼睛通常會在看見罐罐的貓咪臉上看到，我那時嘴裡塞滿肉，心想：啊，這真是一個對單車旅行充滿熱情的人呢！

阿拉喜在經營一間幫人維修和組裝單車的工作室，熱愛單車旅行的他自己不能旅行的時候，最愛當別人的夢想推手，吆喝大家上路吧，他用值得信賴的技術予以眾人後援，一個又一個的單車旅人從他那得到安心後勇敢啟程，而他則像燈塔一樣固守一方，等待旅人帶著故事和騎到傷痕累累的單車回來找他。

其實我們沒真的和他細聊過他的每段旅行，只隱約知道他像集點一樣分段完成日本、絲路、印度、冰島和非洲的路線，他好像總是在聽其他旅人分享，自己的卻不怎麼提，有一次他說他正在寫書，準備將過往的旅行遊記集結成冊，我滿是期待，終於換寡言的他說說自己的故事了，想不到這一等又過了幾年，我的書還比他的先出版。

有天，他傳訊來說他要出書了，想請我寫推薦序，並問我想先試讀哪幾篇文章，我看了他寄的章節標題，立刻回傳：「當然是全部呀！每一篇看起來都很吸引人，小孩子才做選擇呢。」有幸搶頭香讀完之後，我只能說，幸好他最後有把這本書生出來，如果還沒，我可能會想坐時光機回到過去催促他說：「哥，快寫，全台灣的讀者都在等你！」

我一直覺得寫作最棒的一點是能夠封存當下的情感和想法，尤其以遊記而言，那些旅途中快樂難忘的、感動溫馨的、痛苦不堪的，甚至令人又驚又氣幾乎顛覆三觀的點滴都能轉錄成文字，除了為自己留下走過的曾經，還能讓沒想過、或不敢嘗試特定旅行方式的人一同感受身在第一線的刺激。

即便我也曾單車旅行世界三年，那種恍如人在現場的刺激，仍然從他這本書深刻體會到了，身歷其境的當下又慶幸自己是舒服的坐在家裡，不是真的像他那樣在印度意外摔傷必須住院、在冰島全身濕透還不知道要騎到何時、在肯亞身體不舒服還被偷拐搶騙；一篇篇讀來，我忍不住思考，哪種情境是我自己也不想遇到的慘？同時又迫不及待的讀下去，想知道接下來還會有多慘（？），阿不是，是會有什麼峰迴路轉。

邊讀我邊回想初次見面時，他那雙聽到單車旅行就發亮的眼睛，怎麼這麼累還能如此熱愛，這個人是喜歡自虐嗎？但讀到後來我有點明白了，人活在世上，想追求的

不一定只跟生活的安穩有關，讓人充滿熱情的，有時候僅僅是一種感受活著的痛快，不管一路上遇到好事或壞事，都是在之後回憶起來獨一無二的故事。

阿拉喜有別於他平日的內斂，將他內心澎湃豐富的情感與最脆弱不堪的一面全然真實呈現，我才知道為什麼他平常不太講自己旅行的事，因為他已經把所有想講的都化為精彩的文字，讓人可以輕易窺視和回放那些扣人心弦或驚心動魄的瞬間。

讀到最後，就好像跟他一起旅行到了尾聲，總覺得結尾嘎然而止，意猶未盡的我這次想催促他說：「哥，什麼時候再出發？」

《在遺憾之前，用力去愛》一書作者

冒險是自己的

別問我們為什麼，也別問目標是什麼，就像阿拉喜本書作者所說的，我們當初只想到用單車的方式罷了，就一直這樣下去。

因為選擇了單車，從而打造我的踩踏人生，阿拉喜在我單車生命中擔任督促與明燈的角色，從景仰對象到旅行的指引導師，變成現在無話不談、亦師亦友的前輩，縱看人生過去的荒誕，笑談未來的離家，時時傳遞流浪的薰陶。他常告訴我：「冒險是自己的，」於是在社會認為最黃金的年輕歲月，我選擇去創造屬於自己的冒險，踏過印度、中南半島、橫貫蒙古等地，這樣的經歷故事，足讓我這輩子掛在嘴上述說

透過此書，讀者能發現自己正置身於這種旅行方式中，我沉浸、享受文字所述的人事物，彷彿就處在這場充滿不安、歡愉、挫折的冒險旅程，經由阿拉喜生動而坦誠的描寫，一同讓內心深處最純淨的靈魂披上受流浪摧殘之淬鍊。看著看著，總是讓我默默開啟世界地圖，看看還有哪個地方，如同伊甸園裡樹上的蘋果般，吸引我垂涎，好好安排下一趟真正的流浪。

獨樂樂不如眾樂樂，嘴上能傳達的有限，相信阿拉喜能夠渲染更多人發現旅行的醍醐味。讀完本書之後，你會發現，不論是從簡易到困難的任何環境，都有令人挫敗或充滿希望的時候，在最痛苦的當下，換來的回憶都是甘甜。每個人都值得擁有如此收穫，我們敢冒險也不怕死，或許……將就這樣被旅行糾纏一輩子吧！

橫貫蒙古國單騎第一人

推薦序

我不敢，但你做到了

我喜歡旅行，也喜歡騎單車，就和大多數的人一樣。

將兩者結合起來的嘗試，是二十三歲時的單車環島，可以說我的單車旅行經驗啟蒙的較晚，對於單車的知識和技術至今仍一竅不通──因為不需要精通也能騎著單車快快樂樂的旅行，車子壞了就找單車店維修，所以就沒想過認真的學習。

我喜歡騎單車時自由自在的感覺，騎乘在單車上，既使不奮力踩踏也能輕快的滑行，這感覺就像是離地三十公分的飛行一般，簡單又令人著迷的體驗。而旅行對我來說更像是探險，去看看這世界之大。

但不論再怎麼喜歡旅行跟騎單車，始終都只是興趣而不是當成飯吃的專業，更無法養家餬口。每次結束旅行後都得重新找份工作，回到朝九晚五的工作中賺錢養活自己，然後遐想要什麼時候才能去騎車旅行？

偶爾會想著，如果我年輕時毅然決然往單車的方向栽進去，現在人生會變得怎麼樣呢？

阿拉喜就像是做了那個我不敢的決定的人生寫照，他喜歡單車，就去單車店學技術；他喜歡旅行，就去考領隊證照，兩者結合，那不如開單車環球工作室吧。

在阿拉喜的店，擁有相同興趣的人們可以分享彼此的心得，給對方的下一段旅行鼓勵跟經驗分享。想嘗試單車旅行的新手也能在這裡得到各式各樣的幫助跟資源，推你一把踏上屬於自己的旅行。

這份工作注定賺不了大錢，背後的辛苦跟經濟壓力一定比選擇上班賺錢的人還要困難。此路不好走，但我相信阿拉喜是痛並快樂的在經營著他的事業，真心替阿拉喜感到驕傲。

阿拉喜騎乘了許多我沒能親自拜訪的國度，透過他的文字讓人能重現他的體驗，不論是辛苦的或是開心的回憶都囊括其中，翻開書本隨著阿拉喜展開這趟奇妙的旅程吧。

Devoy

CONTENT

目錄

有個聲音在身邊輕輕地呼喚著我

總之，我要去絲路騎車了。

幾週前我做了一個很奇怪的夢，夢到我和你跑去參加了中國絲路的旅行團。在悶熱難耐，搖晃欲嘔的巴士裡，我問親切的導遊小姐說：「跑完行程後，我可以不跟你們坐飛機回去嗎？我要騎單車到烏魯木齊，之後再坐飛機自己回來。」

莫高的千奇洞窟，一直在耳邊輕輕地呼喚著我。

「那肯定是不行的阿！來回機票只有三天的效期，過期了就不能用了阿。」親切的導遊小姐，想都不想，劈頭就回。

我歪著頭，思考了一下然後說：「那就不能用吧，到了烏魯木齊我再買機票就是了。」於是我就這樣匆匆上路了。夢裡其他枝末細節我也真的沒印象了，只記得那是個寒流初至，有些涼意的冬天早晨。夢醒時分，惺忪的睡眼依舊不願睜開，我弓著身蜷曲在柔軟的睡袋裡，一邊反覆回想著剛才夢裡的情節，就好像捨不得情人離去的背影一樣。

其實，在當下我也覺得很奇怪，為什麼做這個夢？為什麼會是和你？為什麼是騎絲路？為什麼……

很多急欲尋求解答的「為什麼」，懸浮、繚繞在空蕩蕩的房間裡，得不到答案。只是，我可以感覺得到：有個聲音一直在身邊輕輕地呼喚著

我，如同清晨微風般的絮絮耳語。或許踏上旅途後，很多問題就可以得到解答。

然而，關於今年的旅行計畫，我一直處在「舉棋不定」的游移狀態；「去」跟「不去」的聲音，一直在我的腦海形成拉鋸戰的矛盾抵抗。就連要去什麼地方，目的地是哪裡？也是一波三折，一改再改——甚至，我開始懷疑這趟旅行的目的。

是否，只是為了流浪而流浪。

又或許，我只是想離開這充滿思念的城市罷了。有時候，我會想起那天清晨的夢，想到了那個如絮絮耳語般的聲音，但是，我還是無法參透那個夢的含義，聽不清楚那個溫柔的聲音在說什麼。為了想知道自己在想什麼，到底怎麼了？於是，我開始了每天的夜跑。即使一天工作十幾個小時下來，身體早已疲憊不堪；即使台北的天空，拂起了冷風，下起了綿綿細雨，仍不會改變我去跑步的決心——只因為我想確定一些事。

從懷疑到出發；疲憊到掙扎；痛苦到反思；對話到沉澱。冰冷的雨依舊占據了整個台北，突然之間，很多事情有了答案。

從下定決心要去絲路；規劃好日程、刷卡買好機票、辦好保險，以及架好網站，只花了三天。相較於之前的歹戲拖棚，猶豫不決，一切是如此地水到渠成，那麼地順其自然，就好像很多事情是早已註定好的，我們不得不去相信。

我花了一個晚上，與新房東迅速簽好約、和舊室友說道別。幸好自己的家當不多，兩個小時內就將房間整理乾淨，只留睡覺用的睡袋跟榻榻米，電腦、手機等還會用到的雜物。空蕩蕩的房間有種要離家出走的感覺。

晚上我騎著莎莉1載著珊回去，兩旁闌珊的燈火不斷地從身邊被沖離。即使要出發了，心中卻沒有那種一個人將要去冒險，去完成夢想的興奮心情；卻像是一個人要離開熟悉的土地，到遠方出差很久很久似的，對灰濛濛的台北產生惆悵的依依不捨。然而，很多事情本來就是徒勞無功，縱使我們再怎麼努力，也無能為力改變什麼。

　　那些和你朝夕相處，相依為命的日子，歷歷在目，無法忘卻，總是會在不經意之中敲敲我的腦袋，提醒我「它」確實存在過。鳴沙山的餘暉落日；敦煌的柔軟時光；莫高的千奇洞窟；蘭州的熙攘街道，一直在耳邊輕輕地呼喚著我。對你的思念，我無處投遞，只能寄情於文字紀錄之中。

　　那麼，我要走了。這次要去的是絲路。

1　我的車是美國 Surly 的 LHT（Long Haul Trucker），專為長途負重旅行而設計。取其 Surly 諧音就叫「莎莉」吧！靈感來自《電腦情人夢》的端妮（Twenty、莎蒂（Thirty）、弗蒂（Forty）。

2013

Silk Road

烏魯木齊

哈密市
紅山口
火焰山
鄯善縣
高昌故城

星星峽鎮

瓜州縣

紅山窯鎮

嘉峪關市

西安

CHAPTER 1

中國 · 絲路

Silk Road, CHINA

西安　→　烏魯木齊
Xi'an　　Urumqi

西安回民街。

根洪與永健

2013
五月 MAY

中國 CHINA
EXCHANGE RATE
匯率 4.85²

　　折騰了一天終於結束，安心地癱坐上大巴，搖晃了一個小時抵達西安火車站。剛下大巴時，就有一個年輕人拖著附輪子的行李架靠近，很熱心地要幫我拖行李。深知這絕對不是義務幫忙這麼簡單，搖搖手跟他說：「不用了，我自己來就可以了。」

「才七塊錢而已，也不讓我拖。」見我不搭理他，馬上就惱羞成怒。

「果然是要錢的……」我在心中暗自嘀咕。

有了上次西藏行拖著大包小包行李，在深夜的西寧市奔波的慘痛經驗；這次學乖了，一下大巴直接就在路邊組起車來，四周因此擠滿了好奇圍觀的民眾，你一言我一語，大家都想問上兩句。我只好一邊組車，一邊跟其他人搭話。

其中兩個廣東來的朋友——根洪與永健，他們是廣東中山市做燈具的業務，這次跑來西北地區拜訪客戶，在西安住幾天後，還要前往甘肅、新疆一帶拓展市場，非常辛苦。一聽到我是從台灣來的，特別感興趣，於是問我晚上要不要跟他們一起住，房間裡還有空床，他們想多知道些台灣的事。我倒沒想太多，反正也還沒找到住的地方，就很爽快地答應。他們住的旅館就在隔壁，因為是蓋在西安火車站前的解放路上，所以就叫作「解放旅館」。

「這裡看起來挺貴的，單車應該不能牽進去吧？」超富麗堂皇的門口，看了我都不敢走進去，直在門口躊躇。

「原本以為貴到嚇人，沒想到標間 [3] 一晚才一百六十元。沒事兒、沒事兒，往裡面走就行了。」見我有些猶豫，他們趕緊向我解釋。

就這樣我們推著駝了大包小包的單車，在眾目睽睽之下，穿過了大廳，扛上了三樓——沒想到還真的沒人會管耶！在中國大陸，什麼事都有可能發生。

其他人都吃過飯了，於是我放好行李，一個人走到熙熙攘攘的街道上去吃飯，我只帶了相機跟錢包出門，連電腦都丟在房裡。晚上吃站前的加州牛肉麵，一大碗麵二十一元，果然是大城市的價錢。店裡很先進，服務員用的還是無線點菜機。吃完晚餐就稍微在火車站附近繞了一下，看我一副觀光客的模樣，就會有很多路人上前攀談。

「住宿？休息？」第一個一定問要不要住宿。

「不了，找到住的了。」揮揮手，趕快撇清。

「那小姐要不要？可以送到房間？」不死心的阿姨們，還會繼續追問。

「學生要不要？很多，還可以讓你選，就先看看再說嘛。」

「小伙子，小妹要不要呢？」

不管是路上的阿姨、阿伯、阿婆、出租三輪車，甚至是騎出租摩托車經過身邊時，都會詢問要不要來一下？這麼直接了當的搭訕，還真是讓人怕怕的。

晚上和剛認識的根洪、永健和隔壁間的新朋友一起打牌；我在路邊組車時，這三位新朋友對我特別有興趣，聊著聊著就約我一起住下來。包括我在內，四個人都是今天第一次見面，竟然可以好到睡同一間房，還一起打牌。

晚上玩的是比綜合點數多寡的撲克遊戲，玩法有點像是在玩梭哈。二～十、J、Q 和 K 各代表二～十三點，Ace 是十五點，最稀少的鬼牌是二十點；如果是拿到三張一樣，那就是檯面上的點數再加三十點。

籌碼就是其中一個人的名片，一人先發個二十張；非常淺顯易懂的遊戲，只要會算點數，再加點小心機，就很容易上手，令人欲罷不能。原本說玩到十二點就好，結果一直安可加碼，玩到凌晨三點多才散會；而我、根洪和永健都是第一次接觸的新手，只有隔壁間的這位新朋友有玩過，結果他卻輸得最慘。

2　為求通順，一律以當時當地的金額來敘述。

3　中國用語，有衛生間的稱為「標間」；無衛生間的則稱為「普間」。絲路篇文中敘述會以中國用語為主，例如：方便麵。

夜潛豐城堡

天色已漸漸昏暗了起來，抵達紅山窯已傍晚時分，今天的里程達一百二十公里，是該找住宿休息睡覺了。但是大師兄明天想早點到張掖，他想在這古都裡多些時間逛逛，特別是張掖市的大佛寺景點，更是他這趟絲路行的口袋景點之一。

我和大師兄是在進蘭州前碰到的，那時我蹲在橋邊發呆休息，炎熱的天氣晒得我兩眼無神，直望著遠方，就這麼巧遇到也是要前往新疆的大師兄，於是我們很自然而然地結伴而行。

「我今年就四十了，絲路行是我給自己的生日禮物。」旅行經驗豐富的他，已經在二〇〇八年騎過川藏線，他說那裡非常漂亮，宛如人間仙境。一聽到此，我心癢如搔，希望有朝一日，能再踏上往西藏的旅途。

「那你四十五歲、五十歲的生日禮物要去哪兒騎車呢？」我好奇地問他。

「等我兒子高中畢業，我想帶他再去騎一次川藏線。」真是一個有夢想的老大哥阿！

我在心中默默地敬佩他。

當地人說，過了紅山窯騎十公里路，就能回到緊連連霍高速公路的國道三一二線；再騎個十公里，就可以到下一個村子——長城口。於是，我們決定在紅山窯這簡單吃個晚餐，然後繼續往前騎。今天辛苦一點，明天就可以多一些時間休息，二十公里路聽起來沒有很遠，拚一點一個小時就到了，小菜一碟。

然而事情絕對不是憨人想的那麼簡單，孰不知這一切才是苦難的開始。

大師兄在外面盡量都不吃包子、餃子之類的，他說：「外面的肉不知道新不新鮮。」

然而，偌大的街道上只有這一家包子館，其他餐廳的店門口黃沙滾滾，看起來就像休業很久似的。眼前蕭瑟寂寥的光景，即使這時候出現了西部電影中常見的風滾草，一點也不違和。除了商店，街道上還有很多賣衣物、化妝品的女性用品店，經過時我一直很納悶：為什麼這小村上會有這麼多女性用品店呢？

我和大師兄點了一籠小籠包分著吃，沒多久冒著蒸汽白胖胖的小籠包就端上了桌。

「光吃小籠包好像少了什麼？」於是大師兄又把老闆叫了過來。

「有紫菜湯。」老闆爽朗的聲音回答。

然而看到老闆的「紫菜湯」端上來時，我嘴角不爭氣的上揚了，那根本是方便乾麵附的紫菜湯包泡出來的，只有一小撮的紫菜團浮在略帶油光的清湯裡。

「這湯，特別。」我說。

「特別簡單。」大師兄一邊喝湯，一邊不動聲色地說。結帳時，老闆還是收

我們八塊錢，湯是另外附送的。

順利接上國道三一二線，但是路面非常地糟，都是碎石子路，還有像被隕石炸過的大窟窿；柔腸寸斷已經無法形容眼前的道路，只有用「粉碎性骨折」來形容。對於眼前的光景我們狐疑不決，趕緊查看地圖，還真的是三一二線沒錯；但是路爛到在地圖上有些路段甚至顯示不出來，看起來就像蓋了新的連霍高速公路後，三一二線就呈現半廢棄狀態，沒人在用乾脆不修了。

莎莉沒有前避震，騎在石子路上，震到我眼淚都要掉下來了；路面凹凸不平，我和莎莉也跟著上上下下，像在玩波浪舞似的，只是這波浪舞一點都不好玩。奇差無比的路面，讓我一直下來撿東西，因為我一直在噴裝備。連我前燈的座拴也震掉了，怎麼來回找就是找不到，只好默默地將前燈收在前面的相機包裡，在心中祈禱接下來的路程都別碰上摸黑夜騎才好——結果，都騎了三十幾公里，還是找不到剛剛那大叔說十里路就到的長城口，應該是我們忙著幹聲連連抱怨路很爛時，在某一個叉路口錯過了村子。眼前除了荒漠還是荒漠，什麼都沒有，只能硬著頭皮繼續往前騎。

八點夜幕低垂，黑暗悄悄地吞噬了整片沙漠，以及還在路上苦命趕路的我們——沒想到馬上就得用前燈了，買彩券都沒這麼準。

緊連連霍高速公路的國道三一二線，呈半廢棄狀態。

爬上了一個最高點，開始是連續的長下坡，然而夜晚的來臨，讓我騎得更加辛苦；顛簸的路段，速度不能太快，要時時抓緊刹車；滿地碎石子，讓我不時甩尾、飄移。現在的我，只剩右手能控制刹車，左手要握著剛剛噴出去的前燈。

我處在一個很微妙的平衡狀態，已經很接近要摔車的臨界點；只要稍微再不注意一點，我就會連車帶人飛起來，在空中轉體兩圈半後著地，然後再讓沙織小姐叫我起來。我將左右腳都退卡，改用足弓踩踏板，並且做好隨時要著陸的準備。「讓我飛せせ……讓我飛せ……せ，飛在夜空……」為什麼在這個Moment，我還會想起伍佰《愛情的盡頭》的歌詞呢？

在一片黑暗之中，我想起了〇七年環北海道時，在野付半島夜騎的驚魂經驗。從我身邊呼嘯而過的車子上，雖然傳來親切的女性加油聲。然而，當時的我卻一點喜悅的感覺都沒有，因為我已經被巨大的恐懼感給團團包圍，根本無心去在意那個甜美聲音的主人是誰，我只想趕快逃避這一片黑暗。那時，我只有一個人旅行，而且帶的手電筒根本不亮，二十幾公里的夜路根本是摸黑憑直覺在騎直線。

思緒離開了北海道，我望著眼前也在跳波浪舞，只差雙手沒舉起來歡呼的大師兄——突然間，眼前這一切好像就不那麼痛苦了，至少現在還有個伴陪我夜騎趕路，心裡也踏實的多。而且阿福拿給我的車前燈真的很亮，路上的窟窿無所遁形，要飛起來之前，我還可以提前做好心理準備。

終於，前方出現的一絲亮光，是一家掛著「汽車修理」招牌的土房子。大師兄前去問路，得知還有七、八公里就到下一村落，苦難即將結束了。上路沒多久又找到了一家還在營業的加油站，再兩公里就到村落。加油站裡頭正在玩手機的小哥應該也很苦悶，要不是有我們兩個意外訪客的到臨，平常這個時候，這一片黑暗之中只有他跟這間泛著亮光的加油站還醒著。

晚上接近十點，我們抵達豐家堡。一進入村落就看到「停車住宿」的牌子，揉著眼，睡眼惺忪的老闆來幫我們開門，這裡除了住宿外，還兼做商店。住宿一晚是二十元，老闆看我們是騎單車旅行的，打個折算我們十五元。

房間裡點著微弱的電燈，看一看碼錶的里程數，今天一共騎了一百七十三公里，其中包括了近兩個小時的夜騎。吃著暖呼呼的康師傅方便麵，我和大師兄都有種「活著真好」的體悟。

再度一個人上路

　　這個念頭，已經在我腦海中出現過好幾次了。

　　自從在進蘭州市前相遇，我和大師兄已相處一個多禮拜，同行九百餘公里。雖然他從事與房地產相關的工作，但是對歷史、地理、人文和社會方面特別有心得；為了走這趟玄奘之路，他還讀了五本相關書籍，晚上躺平前也是在看絲綢之路的遊記攻略。

　　我問大師兄為何要走這段玄奘法師到天竺取經的路呢？

　　「為了向玄奘法師致敬，想效法他堅持信念的精神。」大師兄志得意滿的說。

關於玄奘法師的事蹟，大師兄可是清楚的很。他說當初玄奘西天取經，一共歷時了十九年，往返的路程約四年，這一趟旅程是多麼艱辛遙遠，並且充滿誘惑。當時高昌[4]的國王軟硬兼施想聘請他當國師，但是玄奘法師不受威逼利誘，甚至不惜絕食明志，只為繼續這趟艱辛漫長的取經之旅。

「國師耶！在當時可是一人之下，萬人之上；地位甚至凌駕國王之上，要拒絕這樣的誘惑，是需要何等的毅力與堅持，肯定是有非常大的理想在支持著他。」大師兄連眉毛都飛舞了起來。

這時，我才明白原來這趟旅程對大師兄來說，意義是如此的重大，而不是單純地騎車旅遊而已。聽到這，我覺得玄奘法師與眼前的大師兄都很偉大。

沿途，大師兄會跟我說一路上的風土民情、歷史典故，以及我所不知道的中國大陸的另一面。因為涉獵很廣，眼界不狹隘，所以思想很開明，是個很好溝通、相處的人。

結束了一天的行程，晚上大師兄除了跟家人通通電話，問問小孩最近課業好不好外；他還會用電腦寫寫日記，整理些照片放到網路上，即時將今天的旅程分享給家裡的老婆跟小孩。即使一個人出外旅行，仍然心繫家人，夢想與家人都能兼顧。除了鐵漢柔情，我想不到有什麼詞可以形容他。

有些路段很陡，部分石階是用磚頭疊起來的。

因為有他，我的旅程因此豐富，沿途的風景不再匆匆一瞥，有故事，有內容，更重要的是可以一起分享旅途中的喜怒哀樂。「友直、友諒、友多聞。」這麼好的夥伴，有什麼不好的——沒有什麼不好的，只是跟這麼可靠的夥伴同行，我會不自覺地想依賴他，放心讓他處理很多事情，自己默默地跟著他後頭往前進。一路上，看著他騎車的背影，我就會想，這真的是我要的嗎？這樣不就失去出來旅行的意義？當初不顧一切出來走這一遭的初衷是什麼？

「我想到外面的世界看看，試試看自己的極限能到哪？」

即使是問路、找吃飯、找住宿等生活的小事，我都想要靠自己的力量來解決，學著和當地人相處應對。如果不這樣的話，自己是不會有所改變的。

畢竟是重大的決定，我一個人反覆想了好幾天，突然想通了很多事情。我轉過頭去，對著也在盯著電腦螢幕打字的大師兄說：

「大師兄，這一段日子裡，好在有你的陪伴，我的旅程因此多采多姿；只是接下來的路，我想一個人走，靠自己的力量去完成。」

「恩……那這樣的話，我也能早點出發。」

大師兄頓了一下，沒有太大的情緒起伏，不知道他是怎麼想的。我想，我永遠也猜不著此時此刻他是怎樣的心情。

下午我和大師兄分開行動，他要去嘉峪關，而我則是要去爬懸壁長城。懸壁長城這個景點，是當初看了 Deray 二〇〇七年北京到巴黎的遊記而得知的，他在橫跨歐亞的同時，我正在北海道進行我的第一趟單車旅行；也因為北海道行，讓我原本安穩的人生起了漣漪，自此走向了截然不同的道路上。

因緣際會下，六年後我也踏上了絲路之旅，親眼確認那些 Deray 所看過的風景。

抵達懸壁長城售票處時，總覺得這裡很像是村子的集會場所，或是某戶人家的後院；有人在裡頭洗車，還有一大群村民在旁邊嗑瓜子喝酒聊天。再看看仿古城牆上題著斗大的字樣「懸壁長城景區」還真是這裡沒錯。見我在門口探頭探腦，一旁在等客人爬完長城的司機大哥就跑來跟我聊天，跟我講講這裡的歷史背景：

「懸壁長城，建於明代嘉靖十八年，是明代萬里長城的西端起點。因修築於石關峽口南北山脊上，蜿蜒倒掛，故稱懸壁長城……」

走到山頂上的烽火台，大約要二十分鐘，來往的遊客寥寥無幾，並不是很知名的景點。有些路段很陡，部分石階是用磚頭疊起來的，扛著相機包跟腳架的我，爬得氣喘吁吁，累得像一條狗似的。

手腳並用地爬上山頂，俯瞰這一路走來的風景時，此時此刻的我卻覺得非常幸福，雖然出發前難關重重，幸好有來走這一遭。我很喜歡登高望遠的感覺，驚嘆著這世界的壯麗之美，鬼斧神工；另一方面又想到自己是如此的渺小。瞭望著遠方，幻想著地平線的那一端是什麼樣的景色時，心中又有個聲音在輕輕地呼喚著我，那裡是世界的盡頭——烏蘇懷亞。兀立在懸壁長城最高點，一瞬間，我突然覺得那個時而隱時而現的念頭，並沒有想像中的難以做到。

「如果覺得自己做不到的話，就真的做不到了。」

整個大地都是黃澄澄的一片，只有嘉峪關市像是烏雲罩頂般的黑壓壓一片。有幾個年輕人也來爬懸壁長城，一邊攀爬，一邊就「坑爹阿！坑娘阿！」地喊著；我站在山頂上，遠遠就聽到女孩抱怨的聲音：「我從一開始就不喜歡這個嘉峪關，事實證明，我一開始的感覺就是對的……」

然而，走過了這一段萬水千山，看過了這一路的風景，我覺得嘉峪關這裡很漂亮。爬上了長城高台，遠眺這一路走來的艱辛，更讓我莫名地激動，感觸良多；走進西北內陸，看到大陸最真實的一面，也讓我反思很多事情。眼前的風景不會變，唯有一個人的內心世界，會決定它的價值。

　　匆匆地看完日落，晚上我邀大師兄到夜市吃烤肉喝啤酒，羊肉串一支一支吃，酒一杯一杯接著喝，聊到晚上十一點多才不捨地回招待所。我很感謝大師兄這段時間的相陪，想搶著結帳時卻又被他捷足先登。

　　「再怎麼樣，你是客人，我是主人。」大師兄說。

　　我淚水盈眶，那就相約到時在台灣相見吧！到時，我就是主人，他是客人。

　　明日我們將各奔前程，各自往自己的夢想邁進。

鐵漢柔情大師兄。

4　高昌，位於今日的吐魯番，是古代中西交流的重要樞紐。

逆風的考驗

狂風吹拂、烈日曝晒、看不見路的盡頭的挫折感，以及漆黑地看不見底的孤獨感，在身體的每一細胞裡像病毒般的蔓延。身體跟心裡的痛苦，加深了巨大的恐懼感，籠罩在整個廣大的沙漠。很多過去不開心的事，或是曾經歷過的挫折，如同跑馬燈般的開始倒帶──突然間，我發覺那些曾令我痛苦不堪的過去，在這眼前的困境之中，都變得舉無輕重。

我又想到了前幾天看到的科教頻道，是講一個徒步冒險家失蹤在澳洲叢林裡的故事。節目中播放著他自行拍攝的影帶。影帶的最後，是他向心愛的妻子跟女兒道別。想到這裡，我不禁打了個寒顫。我癱軟在路邊，將莎莉橫倒在路上，我甚至將她停靠好的力氣都沒有。兩個矛盾的

聲音，在內心煎熬，彼此交戰。我無法拉下臉，向沿路經過，少得可憐的車輛伸手攔車求救。軟弱的內心世界有一部分，還是想靠自己微小的力量完成。只能在他們經過時，用黯淡無光的眼神盯著他們瞧，期許會有善心人士下車幫我一把，這樣我心中的罪惡感、挫折感，以及悔恨感會小一點

　　然而，看著慢慢接近然後又漸行漸遠的車影消失在沙漠之中，我不禁竊笑自己天真的想法。在他們匆匆一瞥的眼中，你只不過是個騎單車旅遊的，甚至你是自找麻煩地來到這個鳥不生蛋的地方。你不拉下臉承認自己的軟弱，沒有人會下來幫你的。突然間，我了解到，天地之大，我就像滄海一粟，即使消失在廣大的沙漠之中，這世界也不會有什麼不一樣。原來，我是如此的渺小。

　　安穩地躺在床上，已經是晚上十點，今天在大逆風下騎了一百六十公里，毒辣的太陽晒得我頭都要昏了，眼也要花了；今天的最高溫有四十四度。

　　尋找住宿時也遇到些小麻煩，晃了兩個多小時才找到地方過夜，越接近新疆，越是風聲鶴唳。瓜州這裡是進新疆最後一道關口，所以管理非常嚴格，一定要有身分證才行，不然就是要去公安那登記。

　　每一間招待所都強調一定要身分證，否則不能接待客人。我問老闆，是不是最近新疆發生什麼事了，他說是；問他什麼事，他又不講，三緘其口的樣子，讓我心裡更加不安。走進一間招待所，還真的看到公安大人盯著一大群人拿身分證在登記──我嚇得拔腿就跑，換我被盤問就麻煩了。小帽也在找住宿的途中弄丟了，只是我完全沒心思管它，我只煩惱著晚上要睡哪？

　　今天只有一句話可以形容我現在的心情，那就是「身心俱疲」。借用 Deray 說的話：「每天都是太陽與西風的較勁。」

　　擔心又被困在沙漠裡，隔天一大早，在還沒吃任何東西的情況下，我匆匆騎車上路。前方的天空灰灰濛濛，烏雲密布，好像隨時都會承受不住的下起雨來。一路上速度不敢放慢，還好只有下幾滴小雨意思意思，連雨衣都還沒穿上，雨就停了。

　　走著走著，路又不見了，只剩施工用的輔道，而且還是軟綿綿的沙子路，稍不注意，我就會仆街。搖搖晃晃騎了半個小時後，我就舉雙手投降放棄了，推著車往高速公路的方向走去，這時候不上高速公路也不行了。

　　我先將莎莉橫倒在土路旁，走過涵洞到另一邊尋找上高速公路的缺口。辛苦的爬上斜坡，高速公路並沒有我想像中的可怕，是雙線道而且還有一整個車道的路肩可以在上面騎。確認完路況，回頭去攙扶莎莉，再很吃力地扛上斜土坡。剛開始，心情還有些忐忑不安，很怕隨時會被交通警察拎下去，然而這一切都是白操心，因為根本沒人會管你在高速公路上面騎車。而且路很大條，不必你我爭道，當然經過的大貨車也不會按喇叭逼你閃到一邊去。

　　往旁邊的沙漠一看，還真的是完全沒路，只有節比鱗次的大風車佇立在滾滾黃沙之中。想想也對，除了大貨車以外，有誰會騎這段路到新疆，一般旅行者都是從瓜洲這轉往敦煌的方向，看完莫高窟、鳴沙山，再走縣道接回柳園鎮，再轉往新疆，難怪這裡只有高速公路而已。

　　肆虐的狂風轉為徐徐微風，毒辣的烈日也被涼爽的陰天取代，西風跟太陽的較勁，也只到昨天而已。眼前的路不再顛簸不堪，是筆直，路況又好的高速公

路，只要不停下踏板往前走就能抵達終點烏魯木齊。想到了昨天一個人在逆風下獨自奮戰的處境，以及被巨大的孤獨籠罩住的恐懼感。還好一切都過去，慶幸自己又撐過了一天。

在我還很納悶單車究竟能不能上高速公路時，遠方就出現兩個也是騎單車的身影。因為他們低著頭，看起來很痛苦地在騎車，於是我大聲呼喊，吸引他們的注意，原來是一組加起來超過一百歲的老大哥。

問他們要去哪裡，他們說要一路向東到黑龍江去，跟我的方向剛好相反，至少還要再四個半月。我再十天左右的路程，就可以收工回家了，而他們卻還有幾千里的路在等著他們一步一腳印，一想到此，實在很佩服眼前這兩位老頑童。

他們說，這一路上只能走高速公路，沒有其他路選擇，可以一直騎到吐魯番，聽到這我心裡也踏實不少。兩位老大哥還提供不少住宿資訊，以及各城市間的里程供我參考。大致上跟我原先計畫停留的住宿點差不多，只是從別人嘴裡說出來，那種安心的感覺很不一樣。

「同是天涯淪落人」──我用力地握手，跟這兩位老大哥說再見，還好有他們及時出現，解救了被莫大的孤獨感包圍的我。

推車上連霍高速公路。

29

分別了不久，我突然想到，剛剛忘了問能不能從收費口騎進高速公路這件事。還沒來得及懊惱，又出現了另一位騎友。他是當地人，就住在前方不遠的柳園鎮，明天有一場「第八屆商學院戈壁挑戰賽」，參加的選手要從瓜州這橫越一百公里的戈壁灘到敦煌去。主辦單位要他們這些騎友去造勢助陣，所以他今天要騎到瓜州。

　　他說，這一路上風特別大，不過今天運氣好，是陰天，所以不起風。天氣越晴朗，風也越大。還說我這個季節來騎車正好，風不會太大，也不會太熱。三、四月風大到根本沒辦法騎；而七、八月沒風，但是會熱到受不了，這個時候來剛剛好。

　　再向他確認一次能不能上高速公路這件事，他說：「可以啊！西北地區的高速公路什麼車都可以上」，他今天就是直接從收費口騎進來。我在心中大喊萬歲，耶！這樣我就不用再扛車偷渡，直接從收費口騎進去就好。他說：「以前也不知道行不行，是今早跟另一位騎友一起騎上來才知道的。」

　　「你在這裡住這麼久，今天才知道。」我在心裡竊竊地笑他。

兩位老大哥及時出現，解救了被莫大孤獨感包圍的我。

一起困在沙漠裡

一起困在沙漠裡。

抵達柳園北收費站時，路邊除了有公安局外，還有幾間餐廳、商店及修車鋪的小屋子。想到接下來到星星峽為止，都是一望無際的沙漠，還是吃飽飯再上路，比較安心。

「你們幾個人啊？」一走進門，老闆娘就問幾個人要吃飯。

「只有我一個人。」

「你一個人阿？那就吃炒菜吧！」

瀏覽了整份價目表，越往西北地區，物資取得也越不易，價格也跟著水漲船高，這也是沒有辦法的事；於是我點了最便宜的麻婆豆腐及兩個花捲湊合著吃。

　　結帳時，老闆娘說：「十六元。」

　　（不是十七元嗎？一盤炒菜加兩個花卷，我都算好好了阿！）一邊覺得狐疑，一邊要了個袋子，準備將沒吃完花卷打包，於是老闆娘又改口說：「那這樣就要十七元了。」

　　「袋子要一塊錢，怎麼這麼貴阿！」我嚇到往後退一步。

　　經老闆娘解釋才知道，盤子裡一個花卷沒動筷，所以她算我十六元，要打包當然就變十七元；不像在台灣點多少菜，就算完全沒碰，也要付錢。難怪，我上次去餐廳點兩個餅子，老闆就直接拿隔壁桌沒動過的餅塞給我，在物資缺乏的西北地區，一點兒食物都不能浪費。走出餐廳，發現外頭白茫茫一片，能見度只有一百公尺不到。

　　「糟了！是沙塵暴來襲。」我想起了昨天驚悚的新聞報導。

　　就這麼巧後燈也快沒電了，有開、沒開都一樣，只好在內心乞求：不要被不長眼的貨車司機給第一次親密接觸才好。幸好這沙塵暴來的快去的也快，不到十

慶祝的果啤，半路就喝完了。

點就煙消雲散。但是先別高興得太早，有一好沒兩好，原以為下午才會吹起狂風，沒想到中午前狂風就提早報到。

我的方向是往北，所以從東邊吹來，就變成是非常恐怖的側風。側風不會讓人速度慢到掉眼淚，但是很危險，稍不留神車把手沒握緊，就會把我往內車道帶，大貨車不來撞我，我就先漂移過去撞他們了。我只能像重機過彎壓車那樣，往外斜著騎車，盡量騎在路肩的最邊邊。被風吹得受不了時，我就躲在擋土牆下休息。原本想要在進新疆前一刻，舉杯慶祝的果啤，被我現在拿來喝了；兩眼放空地看著遠方，煩惱著等一下要怎麼上路。

一直到我晚上入住招待所，強烈的風從沒停過，看著眼前的烏鴉一直被釘在同一個位置，完全飛不動，心裡覺得又可憐又好笑。沒辦法將這麼有趣的畫面拍下來，光是要穩定車子安然往前騎，就握到雙手都發麻了，騰不出手來取相機。

時間過得非常緩慢，眼前的景色依舊沒什麼變化，呼嘯而過的車輛根本不在意有輛單車在路肩搖搖晃晃；狂風在耳邊轟隆轟隆作響，不知道在害怕什麼的恐懼感油然而生。

「我已經瞭解祢是如此的神聖不可侵犯，也明白在祢壓倒性的力量前，我就如同滄海一粟般的渺小，」我將眼睛閉起來說：「我到這裡來，並不是想要挑戰祢，或是想證明什麼，我只是想要平安地通過這裡而已。」

說也奇怪，在了解到自己根本無力抵抗這眼前巨大的困境時，我突然有種鬆一口氣的感覺。當我決定接受這一切時，所有的掙扎、痛苦等負面情緒就消失得無影無蹤，彷彿從未存在似的。

於是，我找了一排水泥護欄靠著休息，悠哉地吃起前幾天買的餅乾，並從包裡深處翻找出外套及長褲，嚴陣以待做好萬全的準備。我打開了 iPhone 點播 X Japan 最後之夜演唱會，聽著熟悉的音樂；耳朵被頭巾、外套和安全帽層層包住，轟隆隆的狂風，似乎也就沒那麼可怕。

這裡遍地前人的遺留物，看來是個躲風的風水寶地。我拿出腳架，準備拍一張出發前的照片，明知如此，我在橋腳架位置時，還是不小心踩到地雷了。

「沒事！」很自然地到一旁的沙漠磨蹭個幾下，鞋子就算清理完畢。對於自己突然變得如此坦然接受任何發生的事情，自己也覺得嚇了一跳。

哼著 X Japan 的歌騎車，沒多久也遇到兩個被狂風困住的旅行者。反正我也騎不快，沒什麼好急的，就將車子靠在土坡旁，搖搖晃晃地走去跟他們聊天。

「恭喜！恭喜！真是有緣，你們也被困在這阿！先拍張照紀念一下。」

來自佛山的二師兄，從廣東開始騎，騎完滇藏線、新藏線，接著打算從烏魯木齊經絲路繞去青海湖，再一路騎往內蒙、東北。

就算在烏魯木齊單車被偷了，也沒改變他的初衷，二師兄就留在市區裡打零工，掙夠了錢，又買輛新的單車繼續前進。他的好兄弟住深圳，從烏魯木齊開始和二師兄一起旅行，他們倆昨天就住在高速公路的涵洞裡，因為今早兒颳了超強側風，他們沒法騎車，就只能留在原地苦思辦法。

說到這裡，就要解釋一下，風是從東邊來，把我往內車道吹，為了平衡，我只好向外傾斜騎車，所以當大卡車經過，風的應力突然被抵消時，我就會很自然地往外面倒；而這兩位反方向的仁兄就倒霉了，風是把他們往外面吹，大卡車一經過時，他們就會往大卡車倒，非常的危險。這時候騎，不是玩命那是啥。

彼此交流來時的路況跟住宿資訊，接下來還會有紅山口處的百里風區，跟吐魯番到烏魯木齊的三十里風區在等著我，兩個都是很大的難關，尤其是最後一段

三十里風口區特別誇張，跟現在的風比起來，簡直是小巫見大巫。光在這一段路，二師兄就摔了二十幾次，反覆叮嚀我一定要搭車，不要硬闖。

我一切隨緣，到了吐魯番再看當時天氣決定。倒是我比較關心新疆的維穩狀況，趕緊抓著他們問住宿登記會不會很麻煩。深圳的小哥說：「只要不是日本人，就沒問題。」說到這歷史的糾葛，我們三人都不禁會心一笑。

我要走時，他們倆一起幫我把莎莉再扛回高速公路上，風大到我一個人根本沒法扛；一看到我插在車上的啤酒瓶，他們兩個人都笑了出來。

「一路順風」的話語，這個時間點講好像怪怪的，就用「一路平安」來祝福對方。

和他們分開後，我又獨自騎了三個小時，狂風依舊亂舞。我壓低著頭用餘光瞄了一眼路邊的測速器，時速只有可憐的六、七公里。在翻過兩個山頭後，最後之夜的演唱會也剛好播到最後一首歌《Tears》。下午四點半終於又看到了人煙：商店、住宿、修車鋪林立，是給卡車司機休息的地方。鎮很小，大卡車只能沿路停在高速公路的路肩，然後司機們再縱身翻過護欄到小鎮吃飯。

這裡是名字詩情畫意的星星峽。

詩情畫意的星星峽。

最美麗的風景

嘆為觀止的每一天。

出星星峽後，一直到兩百公里外的哈密，都是令人開心的緩下坡，大部分的車友都是一天趕完兩百公里的路程騎到哈密去。從這裡開始就是新疆，在沒有任何的公安的盤問下，順利進入新疆，離終點烏魯木齊，感覺又邁進了一大步。

到哈密之前，一路上至少有七、八個以上的休息站，都是兩三間餐館、修車鋪的小聚落。兩百公里的沙漠之路，根本不用擔心補給的問題。休息站的名字都是取當地的地名，像是木頭井、尾業火車站、銅鎳礦；有個中國移動的電信塔高高佇立在此就叫電纜站，還有個沒有駱駝的駱駝圈子，以及沒有鐵軌火車的尾業火車站。

出發前我打開了 iPhone 播放著彩虹的《單曲精選十三》來迎接今天未知的旅程。彩虹的《Driver's High》真的超適合騎車的，音樂一開始還有跑車的引擎催油聲，一副蓄勢待發，欲展翅翱翔於遼闊的天際之間，令人懷有夢想的一首歌。我隨著《Driver's High》的節奏，肆無忌憚的踩著踏板一路痛快下坡，壯麗的沙漠也一覽無遺，天空藍到令人不敢相信，就像用水洗過似的。從地平線淺白色，然後淡藍色漸層，再到天空的完全湛藍，簡直就像是油畫裡才有的鮮豔天空藍。

　　「哇！從沒想過天空可以藍到這種程度。」我驚訝到不知該說什麼；前幾天則是：「哇！從沒想過側風可以大到這種程度。」

　　每一天，都是驚呼連連、嘆為觀止的一天。

　　下午吹起了逆風，速度只剩十五公里不到，原預計五點就能抵達哈密，一直拖到晚上八點才看到哈密的休息站。今天還破了兩次胎，這趟絲路行已累積六次了，比我這輩子破的胎還要多。我帶著金氏破胎紀錄保持人的頭銜，繞下了蜿蜒的哈密交流道，並在哈密市外圍找到一家專給卡車司機休息的宏德旅社；這裡除了住宿外還兼做物流，讓卡車司機找看看有啥回頭車可以貨運回去的。

　　隔天一早，先將泡一個晚上的衣服給洗了，西北地區很乾燥，日照又強，不用半天就乾了，天天都是適合洗衣服的好天氣。在中庭晒衣服時，老闆娘就在院子裡燒開水，一邊跟我聊天；經過她的熱烈宣傳，這裡的人都知道，我是號稱沿海廈門大學的博士生，有文化的，趁著畢業前夕出來旅遊。老闆娘頻頻問我海洋歷史學在學什麼？未來能找哪方面的工作？還好我真的是念海洋相關的，不然就真的被問倒了。

　　「我的小孩要是有念到大學，我就很開心了！」老闆娘的小孩還在念小學，昨晚凌晨還開著夜燈在幫小孩檢查作業，看得出來她望子成龍的心情。

　　下午大師兄傳簡訊來，說他今天也會到哈密，還跟兩個海南來的車友搭了伴。大師兄雖然比我早一天離開嘉峪關，但他後來去了敦煌看莫高窟，多花了兩天，所以我自柳園鎮開始，日程都提早他一天。我們約了晚上六點半一起晚飯，於是我背上電腦、腳架等簡單行李，就帶著莎莉出門，利用吃飯前的空檔，先到昨天有網路訊號的地方上傳網頁，再來個沒有目的的哈密漫遊。

　　停好車，拿著 iPhone 確認訊號還在不在，我都還沒打開電腦，就被一位當地的姑娘給叫住了。

「你有什麼需要幫忙的嗎？是不是迷路了？」

我虎軀一震，原來是預售屋接待中心裡的服務員，幸好她只是看我在門口徘徊，以為我遇到了什麼困難。知道我是騎單車旅遊的，就把我請進去喝茶聊天，她說很嚮往這種浪跡天涯的旅行。

甜美聲音的主人應該是這裡的大姐頭吧！經她登高一呼，突然之間，我就被一群五、六個年輕人圍住，連辦公室裡年紀較大，看起來像是主管級的人物也跑來合照聊天；陣仗之大，讓我有些受寵若驚。

瘋狂新增 QQ 好友一輪後，他們又看起我在北海道騎車的照片。看完照片接著是莎莉試騎大會。看著大姐頭搖搖晃晃地騎著莎莉，真是替她捏把冷汗，很怕她摔著了──我是說莎莉。

大師兄的簡訊很準時地在六點半傳來，因為我不知道怎麼去集合的廣場，所以大姐頭又拉了個伴，騎電動車帶我過去。只可惜我明天就要離開哈密了，不能跟這群新認識的朋友好好聊聊。大姐頭說：「下次來哈密的時候，我再好好請你吃頓飯！」

我臉上喜悅地答應，但是心裡知道，下次再見面的時候，不知是何年何月了。

莎莉試騎大會。

　　大師兄看到了我，開心地給我個擁抱，然後帶我去餐廳見兩位新車友——卓哥與阿偉。他們倆都是海南人，一路從廣東、廣西、貴州、經川北甘南、西寧，再翻過達坂山到張掖，然後接上絲綢之路，要一路騎往和闐；是大師兄前一晚在星星峽住宿搭的伴，到吐魯番為止，和我的路線是一樣。他們說一路走來，就是成都往朗木寺的路段最漂亮，在穿越甘南時還遇到下雪，氣溫只有零度以下。看到他們在一片雪白裡騎車的照片，弄得我真的是心癢癢的。

　　大師兄很開心，啤酒不間斷地開，他說：「今天是老朋友跟新朋友相見歡的日子，所以今天我請！」酒過三巡後，大師兄很自然地問我，明天就一起上路！

　　我再度濕了眼框，似乎好像也沒有再拒絕的理由了，隔天我們順理成章地組成了絲路小隊。

　　抱著有些暈眩的腦袋，憑著身體的本能騎回旅店。受到當地人熱情的幫忙，搭了兩位新車友，又遇見了好幾天不見的大師兄。

　　一個人獨自旅行，讓我更在乎每一段「今朝一別，海角天涯」的萍水相逢。

　　我對哈密不熟，對這裡的認識僅止於旅館前的迎賓大道，但是一想到哈密，我永遠都記得今天發生的種種。在我的心目中，你們就是最無可取代，最美麗的風景。

僅此一間

匆匆地收拾完行李到圓環的高塔處和大師兄他們碰頭。離開時，旅社的老闆娘建議我們走國道三一二線，到三道嶺比較近，而且風也比較小。與大家商量後，決定走國道，不走高速公路；但是三十公里後，三一二線又不見了，直接接到高速公路的閘道口，而且還是逆向的，只好折回一小段路後，又回到連霍高速公路。掉回頭騎車時，才發現今天是大順風，難怪剛剛騎起來這麼輕鬆。

往三道嶺的路程大約九十公里，大夥兒經過昨天「單日兩百公里」的洗禮，今天根本是愜意的郊遊行程。依舊是一望無際的戈壁灘，景色單調到我只好放空騎車，離烏魯木齊只剩五百公里不到，離家越來越

近，反而有種捨不得的感覺了。大師兄在路上又破了胎，大夥兒分工合作，花不到二十分鐘，一下子就搞定了。卓哥負責拍照上傳微博，微博就是大陸版的Facebook。

卓哥對我後貨架上那箱水很感興趣，總覺得看著看著他都快要騎不動了，直嚷嚷著：「十二瓶，一瓶五百五十毫升，十二斤耶！」

「昨天偶然看到的，覺得一箱比較便宜就帶了一手。」

「便宜多少？」卓哥狐疑地問。

「一箱十二瓶才十元。」我志得意滿地回答。

「一瓶一塊，就為了兩塊錢！這些水跟著你旅行幾百公里，也算是無比榮幸了。」

我不禁臉部僵硬苦笑著。心裡頭想，有這麼幽默的夥伴同行，接下來的旅程肯定不無聊了。

這些水跟著你旅行幾百公里，也算是無比榮幸。

隔天一大早，外頭刮起了超大風，窗外的樹傳來稀稀疏疏的聲音，旗杆上的紅色五星旗也被刮得啪嗒作響。看到如此的光景，內心卻很開心，這樣就能名正言順地休息一天；而憂心忡忡看著窗外的大師兄也不想在大風吹的日子騎車，不僅危險而且很浪費體力，於是問我騎到紅山口要多久？

　　「一百公里的路程，一路上坡還要過一個風口，晚上八點半天就黑了，最晚早上十點就要出發。」

　　「風這麼大，我們也沒辦法走，不然我們等到十點，要是風還這麼大，我們就在這裡繼續住下吧！」大師兄想做最後掙扎。

　　看到現在風這麼大，壓根認定今天是出不去了，在等待天氣好轉的同時，我就開心地躺在床上耍廢，玩起手機版的太空戰士五，連騎車的衣服跟褲子都懶得換上。原以為今天就要宅一天了，沒想到九點過後，風真的變小，十點鐘一到，竟然連徐徐微風都算不上。風這一停，我也只能硬著頭皮跟著出發，結果等我們都被拐出城後，沒多久整路就吹起大逆風。

一路上盡是滿載而歸的大卡車。

中午過後更是誇張，先前在進星星峽前遇到的根本算不了什麼。其中一段路，甚至風大到連騎都沒辦法騎，只能下來低著頭推車前進。

沒多久三一二線又消失了，我們又回到連霍高速公路。從三道嶺往紅山口的路上，除了六十公里處有服務區外，沿途只有兩、三處給卡車休息的停車處，規模都很小，小到一處只有一、兩家餐館而已。

遠方的天山山脈一直連綿好幾十公里，是很特別的藍紫色。早上就是悶著頭騎車，唯一的小插曲，是繼昨天大師兄破胎後，今天輪到卓哥了。阿偉一共從破掉的內胎裡挑出四根如頭髮細的金屬絲，包括我在內，每一個人破胎，都是被這種金屬絲扎破的。

一路上哪來這麼多細金屬絲呢？這是卡車輪胎裡金屬編織層的碎屑。嚴重超載的大卡車在路上破了胎，就把磨損殆盡的外胎直接丟在路上，揚長而去。沿路上到處都是鐵絲碎屑，倒霉的就是我們這些騎單車旅行的。

還好我有帶摺疊的小鉗子，不然很難徒手取下來。自我們換好胎後，今天的考驗也開始了，徐徐微風轉為超大的逆風、側風交雜，是前所未見的狂亂程度。

　　最後一段路是長下坡，然而逆風大到完全抵銷下坡的助力，即使下坡也要使盡吃奶的力氣拚命踩。一個彎過後狂風突然停了，下坡時速竟然可以達到五十幾公里，再一個轉彎後，逆風又打了上來，速度隨即掉到令人心酸的十公里不到。狂風玩弄我們於股掌之間，哭笑不得。

　　又過了一個彎，突然看到大家都中箭落馬下來低頭推車，阿偉的車頭還被風吹到翹孤輪，要用身體緊緊壓著單車，見狀我也嚇得趕緊下來推。爬上最後一段天堂路，絲路小隊終於抵達紅山口。

　　這邊的店家都已經撤離，徒留頹圮的土房子，只剩閘道下方圓幾十里唯一的一家住店。就跟二師兄所說的一樣，宛如荒漠中的龍門客棧，紅山口就剩這一家店，再下去就是一百公里外的鄯善縣，錯過了今晚就只能睡涵洞。

　　晚上到外頭上廁所時，發現外頭的晚霞非常漂亮，匆匆完事，趕緊再回房去拿相機、腳架拍夕陽。我挨在牆壁後頭，看著整個天空被熨染成紅藍色。狂風依舊吹拂，客棧上的旗桿都快要被吹斷了，衷心期盼明天不要再刮風，除此之外沒有其它奢望。

汪洋中的絲路小隊

砂墩子 15 km

吐魯番 345 km

乌鲁木齐 462 km

汪洋中的絲路小隊。

這是一家很酷的龍門客棧，兼作住宿、餐廳、商店和修車鋪。據老闆說，今天的人算少的了，暑假旺季來臨，人還會更多，不早一點抵達還沒床位可睡。一個床位是三十元，而且還是兩人一間的，雖然沒得洗澡，至少能遮風避雨就夠了。

「早上的風沒有很大，那我們就出發吧！」

我呈現完全睡死的狀態,睜開眼睛時,大師兄已經都整裝完畢,等我們出發。昨晚又熬夜到凌晨兩點多,以至於早上的精神沒有很好,中午吃過飯後又呈現半恍惚狀態。出發前,問龍門客棧的老闆説:「這裡的風都像今天這麼大嗎?」

「風?今天哪有風阿?」老闆很不屑地説。

我們不禁揚起一抹苦笑,又是這千篇一律的答案。這幾天我們都要被風吹到東倒西歪了耶!很難想像他們口中所謂的「有風」是什麼樣的情況,想著想著都要起寒毛了。

出嘉峪關後,高速公路的車流量少很多,騎著單車直接進出閘道及收費口都不會被攔下來;當然在其他地區,單車是不能上高速公路的,馬上就會被拎下來。

沿路會經過很多頹圮的民宅、小店鋪,説明這些地方都曾經繁榮過。自從高速公路蓋好後,促進了城市間運補往來,卻也讓這些小鄉鎮沒落了。今早離開的紅山口也是布滿了廢棄的土房子,只剩一間「龍門客棧」還在經營。

龍門客棧兼做餐廳、雜貨店。

　　昨晚睡覺前，我跟大師兄說，我沒辦法理解他們什麼要在這種地方討生活，這裡什麼都沒有，最大的生活樂趣就是一群人圍在一起看電視，然後放聲大笑；一張床、一張沙發、一台電視等簡單的家當，就是他們生活的全部。我們無法想像這樣單純地過日子，就像他們想不透我們要來這個地方自討苦吃是一樣的道理。這一路上，最常被問到的就是：「是國家出錢給你們出來旅遊的嗎？」

　　為什麼一定要花國家的錢才能出來騎車呢？又被相同的問題問到時，我總會在心中產生這樣的疑問。或許，一直習慣忙碌掙錢討生活的他們，很難明白我們這樣無所事事的生活方式。時空環境背景差太多，我們都很難想像在地球那一端的彼此是如何度過每一天，我們是如此的不同。

　　中午吃飯時，卓哥說，他這一路從廣東騎來也超過五千公里，就連上雪山他也沒下來牽車。結果昨天就破功了，逆風、側風大到他車頭整個被抬起來，嚇到他趕緊下來推車。這一趟千里行第一次推車，而且還是下坡時下來推。

　　「我們是汪洋中的四條小船。」聽到卓哥如此精闢的見解，每一個人都發出了會心一笑。

再四十公里就到鄯善縣城，於是我們改走三一二線，不走早上的高速公路，想感受不同的景色風光。進縣城前，會經過七克台鎮，這是維吾爾族的鄉鎮，盛產青色橢圓形的葡萄，到處都是葡萄藤架，然而七八月才是盛產期，所以架上的葡萄都小的跟籽一樣。

到處都是滿山遍野格子狀的土磚子屋，卓哥說，這是晒葡萄乾用的，別的地方看不到，要我們趕快拿出相機紀錄。有些土磚子屋是直接蓋在民房上面，上頭一個洞一個洞的，保持通風，再加上這裡氣候炎熱乾燥，最適合做乾果、蜜餞。

接近晚上八點，在進鄯善市區前，找到一間經濟旅社。大師兄發揮殺價功力，殺到附衛浴的標間六十元一間；最重要的採用手寫登記，而非電腦化作業，管理比較鬆散。在櫃檯登記時，老闆說他去年也接待過一個台灣人，證件上還寫著「中華民國國民黨」，嚇得他連接待都不敢，直接叫那個台灣人去找公安。

我的證件上沒有記載詳細的地址，於是老闆娘直接把本子丟給我補上，寫到一半時，大師兄就把我手中的筆搶去，幫我謄寫。

事後大師兄說，是怕我寫繁體字露餡了。

吃完晚餐回旅館時，卓哥說這裡離市區有點遠，吃飯不方便，而且他想要找住宿條件好一點，有附寬帶（寬頻網路）的。

「……」我和大師兄都沒回話。

大師兄是因為考慮到我的身分很敏感，住宿登記很麻煩，所以才選擇市區外圍的的簡陋小旅館。

要睡覺前，我自言自語的說：「不知道吐魯番的涉外賓館貴不貴阿？」

「幹嘛要住涉外賓館？住這種小旅館不是挺好的，要不明天他們找市區的旅館住，我們找郊區的就好。不用擔心，沒事兒。」一聽到大師兄這樣回覆，原本忐忑不安的心情，也感到溫暖起來，彷彿沐浴在和煦的陽光下。

翻越火焰山

翻越火焰山。

早，阿偉緊張兮兮來敲門說：「我們停在院子裡的單車都找不著，
趕緊去問老闆是不是被收起來了。」

我和大師兄一派鎮定，好整以暇地繼續收拾行李。心想這裡是新疆
耶！怎麼可能被偷走！果然沒錯，是旅店老闆特地幫我們把車收起來
了。

昨天阿偉在進入七克台鎮前破了胎。每天都有人破胎，大前天是大
師兄，再來是卓哥，然後是阿偉，掐指一算，於是大家開玩笑地對我說：
「接下來換阿嵐你了，要小心點！」

心想怎麼可能！我用的可是（號稱）全地形防刺外胎，是德國工藝。結果呢，沒過多久阿偉又慌慌張張地跑來敲門。

「李哥，你的前輪沒氣了耶！」哇哩勒，加上這次已經是第七次破胎了，而且紀錄還在持續改寫中，只能說再厲害的防刺胎，走在有兩千多年歲月的絲綢之路上，也要對這段路敬畏三分。

好不容易換好胎，打好氣沒多久又消了，原來這一條也是破的，只好重頭再來一次，折騰了四十幾分鐘，終於可以出發。

卓哥說這一路到吐魯番的風景非常漂亮，走高速公路太可惜了，於是我們決議走國道三一二線離開鄯善縣。與前幾天看到的景色不太一樣，遠方的山光禿禿一片；往近一點看，國道旁是遍綠的葡萄園跟民房。沒多久進入了連木沁鎮，這裡也是維吾爾族的聚落。很多人家會在門口擺上色彩鮮豔的胡床，鋪上毯子就半躺在門前聊天、休息，甚至是睡在上面。在某間商店採買時，就看到門口兩個大男人，背靠著牆壁，慵懶的半躺在胡床上。我心裡就在納悶：「怎麼一大早就有人躺在路邊啊？」

然後就看到有個年輕人走近那兩個大男人，問道：「烏魯木齊的下一班車幾點開？」

我差點要摔倒在地，原來是公車售票處。

抬頭一看，牆上真的掛著用漢文跟維文寫著起點到終點還有發車時間的手寫看板，還真的是公車的服務處呢！

出連木沁鎮後，國道又消失在荒漠，大夥兒討論著接下來怎麼走。於是大師兄一馬當先，做偵查兵一號，越過沙漠到一百公尺外的涵洞那裡，看看怎麼上高速公路。

回來後，大師兄說只要越過鐵絲網，再扛車上土坡，就可以走到公路上。

阿偉不信邪，想繞去找更簡單的路上去，於是我們就在路邊一邊吃從樹上剛摘下的杏子，一邊等偵查兵阿偉回來。結果——還真的沒其它路可以走。

大師兄講的鐵絲網，困難不大，一個人往上扒開鐵絲網，另一個人再挨低身子穿過；過了涵洞後，再推車上石子坡就好，我後頭的行李特多，一直往後傾倒，

一人扯開鐵絲網，另一人再挨低身子穿過。

在高速公路中間牽車。

幸好大師兄在後面幫我推車，終於我們又回到文明世界，感覺真好。

不久，滿山滿谷的格子屋又出現了，遠處是一片死寂的紅褐色山脈。從這裡開始，就是西遊記裡傳說方圓八百里內寸草不生的火焰山，也是全中國最炎熱的地方，夏天氣溫高達五十度。

兩旁火紅的群山、陡峭的懸壁、奇形異狀的岩石節理等，宏偉壯麗的景色看得我目不轉睛，頻頻停下來拍照。渺小的我們身在其中，更顯著大自然鬼斧神工的奧妙；嘆為觀止的荒涼地貌，綿延了幾十公里，就像一條赤紅巨龍橫臥於此。

雖然沒有親臨過位於美國科羅拉多州的大峽谷，但我深深地相信，亞洲的大峽谷非這裡莫屬。

離開山區後，我們遇到個北京來的小哥兒。剛騎完滇藏線、東北、內蒙的他，要一路騎到烏魯木齊，再走滇藏線到拉薩。問他接下來是坐車回北京嗎？他說不是，他要一路再騎回去北京，中間還要去其它地方繞繞。他的女朋友這次沒跟來，但是瘋狂的程度跟他差不多，專挑些沒人去的路騎車。已經騎十個月的北京小哥兒，里程已破兩萬五千公里，而且持續增加中。

他說他念大學時，就想出來走走，但是沒錢，於是畢業後工作了四年存夠旅費，就決定放下一切，出來走這一遭。什麼時候騎完？騎到哪裡才是終點？他也沒一個準兒，或許等他環完整個中國心滿意足後，就可以踏上回家的路。

看著這些神人級的背影，只能用望塵莫及來形容。卓哥說，我們這四個人在一般人眼裡，已經被當瘋子了，沒想到還有人比我們更瘋。

我們都覺得眼前的北京小哥兒他瘋了，可見得他有多瘋狂。

我想到了一起困在沙漠裡的二師兄，他說：「我就是想騎車，沒別兒的原因！」他不求快，不要求一天要騎多遠，也不跟別人比較，他就照他慢條斯理的步調，一點一滴地走他自己的路。一天十塊錢的花費，每天就是煮麵條吃，騎累了就紮營。三、五天才住宿一次，洗洗澡充充電什麼的，騎車旅行已是他的生活，其他無所求。

我打從心裡佩服他倆這樣豁達的生活方式。

滿山滿谷的格子屋。

火焰群山中遇見瘋狂的北京小哥。

錯過的風景不再

我們在三叉路口分開行動，阿偉和北京小哥兒先去吐魯番市找住的；大師兄想轉去高昌故城繞繞，於是我和卓哥就跟著去看看。

往高昌故城的路上，會經過二堡縣，是維吾爾族的小村落。這裡的小朋友都是剃成光頭，只能用衣服判斷是男還是女的，一路上他們會跟我們揮手打招呼，用不太標準的普通話說「泥好」或是「哈嘍」；更調皮一點，會拿石頭丟你，就好像看到什麼稀奇古怪的動物在路上走似的，不丟個石頭意思一下不行。

每一戶房子外頭都會噴上紅色的漆，寫著「拆，多少多少Ｍ」。不知道要做什麼大建設，但這表示眼前的小村落即將消失，下次再來這裡

就是筆直的大馬路跟現代化的城市，一想到此就覺得非常可惜。

二堡縣與世隔絕，幾乎沒有漢人，當地人也不會講普通話。跟麵店老闆溝通時，只能指著麵條、羊肉串、雞蛋等，然後伸出手指，示意要吃幾個。我唯一聽得懂老闆問：「朋友，要辣子嗎？」

這一家一共有三個小朋友，戴頭巾的媽媽手裡抱著襁褓中的孩子，一邊翻烤著我們點的羊肉串；吃的是粄條跟麵條混搭的涼麵，酸酸辣辣，清爽的口感，就算天氣再炎熱，食慾再不振，也能扒下好幾碗。第一次吃加了孜然香料的荷包蛋，風味很特別。

飯後，我們騎車前往兩公里外的高昌故城，看到斷垣殘壁出現在路邊，就知道故城近了。門票要四十元，進去坐驢車再四十元，拉車到最裡頭的大佛寺遺跡再轉回來，往返約三十分鐘；沒有任何人講解，就是很單純的坐車進去，再坐車

維族小朋友只能用衣服判斷是男還是女的。

出來。門票也有些貴，我和卓哥就不進去了，在外頭等大師兄，順便觀察當地人在做什麼。

有一個顧攤的小女孩，大概是十歲左右。一見到一群坐越野車來的遊客，馬上跟上前兜售手裡的小吊飾。聽到她追著遊客說：「叔叔，你就買一點嘛！」心裡有一種很心酸的感覺。

下午六點抵達吐魯番市，問了好幾個路人才找到集合的青年路，那裡有一整排的葡萄藤徒步區。先行探過路的阿偉說，這裡的住宿都很貴，一間至少要一百三十元起跳，而且大部分的涉外賓館都不敢接待台灣人，一連吃了好幾次閉門羹，卻不得其門而入。

「要不我們再問一家看看。」

大師兄看我有些沮喪，決定親自出馬去問。

「我們就不要說自己是台灣人；但登記很麻煩的話，我們再去郊區找便宜的招待所也不遲。」

聽到這，卓哥跟阿偉也點頭表示願意同進退。

幸好在大師兄的力挽狂瀾下，在青年路旁找到一家賓館願意接待。

「你們有四個人，登記其他三個人就好。」老闆娘甚至連我的證件看都不看，直接就丟回來給我。

哇！有沒有這麼隨性，苦惱我很久的問題，竟然莫名其妙地解決了，突然覺得這兩天的煩惱，都是白操心的。

晚上約了北京小哥兒到街上吃熱炒，想聽聽他這十個月來的冒險旅程，我們幾個對滇藏線的路況資訊特別感興趣。才一坐下，就發現隔壁桌熟悉的身影：是另一組要去烏魯木齊的車友，於是很自然地招呼過來一起喝酒。聽他們說在一碗泉服務區遇上了大風，沒法騎了，只好搭上了賣西瓜的貨車，直接穿過風口。

其中一位說：「我覺得很可惜，當初應該堅持騎過去的。」沿路的雅丹地貌，讓他看了覺得很漂亮，很想停下來。

我們四個人面面相覷，都覺得那段路的風景一般般，並沒有特別漂亮；那一天在十二級狂風亂舞下，我們連車把手都握不住了，哪有心情看風景阿！而他是搭車經過的，心中總有些遺憾，使得錯過的景色更加懷念。

一想到這，我就告訴自己，接下來三十里風區，不管風有多大，路有多難騎，都要想辦法騎完。兩天騎不完，就騎三天，再不然四天，中間沒地方住，就睡涵洞，一點一滴總會走完的。

「因為，錯過的風景不再。」我在心中默默地對自己說。

今宵一別酒

昨晚乾了三隻玻璃瓶啤酒，一回到房我就吐了，然後失去意識直到隔天早上。起床後先把自己刷洗一遍，身上的衣服已經穿了五天，雖然再過兩天就到烏魯木齊，但已髒到連我自己都受不了了。

一身清爽後，跟著大師兄到街上逛逛，問了幾個路人，順利找到新華書局。接下來他要往國境阿克蘇走，那邊的攻略更少，只能買份新疆地圖帶著且戰且走，或是多問問當地人，得到路況資訊後再安排每天的行程。

我買了一本《越野越新疆》的旅遊書，不僅介紹了很多新疆這兒的景點，還提到很多歷史典故，既是工具書，又可以多瞭解新疆很多事情。

　　早餐就吃維吾爾族的烤包子，手心般大小，一個是三塊錢。酥酥脆脆的烤包子再加上孜然香味的羊肉餡，讓人一口接一口停不下來。隔壁攤是賣酸奶冰，這裡的做法是刨好冰塊後，再倒入酸奶，是個很道地的小甜點，在炎炎夏日裡吃特別爽快。於是我們也入境隨俗，跟當地人一樣，一手拿著烤包子配著酸奶冰吃。

　　大師兄說，在大陸他只敢吃蒙牛跟伊利等大品牌的雪糕，雖然貴一些，要兩塊五、三塊，但是品質控管比較好，從此我也只買蒙牛跟伊利，五毛或是一塊錢的便宜雪糕，我再也不敢買。

　　晚上又是大魚大肉，明天五月三十日是大師兄跟阿偉的生日。同月同日生已經夠稀奇了，還能在旅途中搭伴，一起吹風晒太陽，一起過生日，除了有緣，還是有緣。明天我們又將分開，所以提早一天替他們慶生，正確來說，是我跟大夥兒要分開了；只有我往西北要去烏魯木齊，大師兄要去阿克蘇，阿偉跟卓哥要去和田，他們三人同路，還能結伴一個禮拜左右。

手心般大小的烤包子，一個是三塊錢。

來了一位卓哥的朋友——杜哥，今早從烏魯木齊趕來，開了一百八十公里的車，特地來吐魯番請我們吃飯。席間，啤酒是一直「波、波、波」地開，開到餐廳都沒啤酒了，只好請老闆去外面再買回來。我就好像是被外星人綁架似的失去了記憶，喝到最後連怎麼回到旅館的，都想不起來了。

杜哥和卓哥都是做生意的，是酒國英雄，一個人就喝了快十瓶之多。我、阿偉和大師兄各喝三隻玻璃瓶的啤酒就不行了。然而豪氣的杜哥說：「我從烏魯木齊來這一趟，油錢、時間、住宿、飯錢，少說也好幾百塊⋯⋯」

聽到這，雖然我已經歪著頭在放空，還是要將杯裡的酒一乾為盡，表示敬意。

卓哥在一旁解釋說：「新疆人很熱情的，一定要喝酒喝到抬出去，才算是賓主盡歡。」

離開前杜哥還給我留下手機，要我到了烏魯木齊一定要打給他，他要帶我吃好料的。

我在心中默默苦笑：吃飯當然是可以啦！再喝到這麼誇張，我會嚇到的。

卓哥很開心，他說這趟旅程改變他自己，也影響到他身邊的朋友。他是第一次出來騎單車旅行，而且一騎就是兩個月的大旅行。雖然只是朋友飯局間的打賭，賭他能不能從海南一路騎到和田。但是這個「一時興起」卻也讓他深深愛上單車旅行。

卓哥說他是工作遇到瓶頸，才出來走這一遭，他想要先從自己做改變。接下來他還有兩個夢要完成，一個是環法，另一個是橫斷美國，而這兩個夢都是在這趟絲路行，半路生出來的。

環法我也心心念念已久，他聽了很開心，相約有朝一日來去環法，帶帳篷煮麵條窮遊，向二師兄學習；明年他則是想來台灣環島，相信不久的將來，我們會再見面的。

暈到受不了，終於可以切蛋糕了，這裡的蠟燭很酷，一點火就會綻放開花，還會播放生日快樂歌，號稱響到明天早上都沒問題。我們唱著生日快樂歌，開心吃著蛋糕，暢談未完的夢。

會後，我跟大師兄說，日子過得非常快，從蘭州相遇那天開始，已經同行一千五百公里以上，幾乎是我整趟絲路旅程的一半。

通常，同方向的旅人是很難遇到的，如果那時我沒停下來坐在橋邊休息，我就不可能認識大師兄；若是我後來轉去了敦煌，肯定也無法再見到大師兄，以及認識卓哥、阿偉這兩位好夥伴兒，甚至是今天一起喝酒的杜哥。

人與人的緣分真的很奇妙，就好像有一隻看不見的手，老早就把這一段故事給安排好了。旅行就像人生一樣，會有無限的可能，一個小決定，你就會跟某些人擦肩而過，或是永遠碰不著面。

人若有緣天涯咫尺，人若無緣咫尺天涯。

再過兩天，這趟旅程就要劃下句點了，想到我和眼前四位哥兒們的緣分，再怎麼樣也要多喝兩杯！

今宵一別酒，真的就是海角天涯了。

蠟燭一點火就會綻放開花，還會播放生日快樂歌。

CHAPTER. 2

印度·天堂之路

Highway to Heaven, INDIA

新德里 New Delhi → 門迪 Mandi

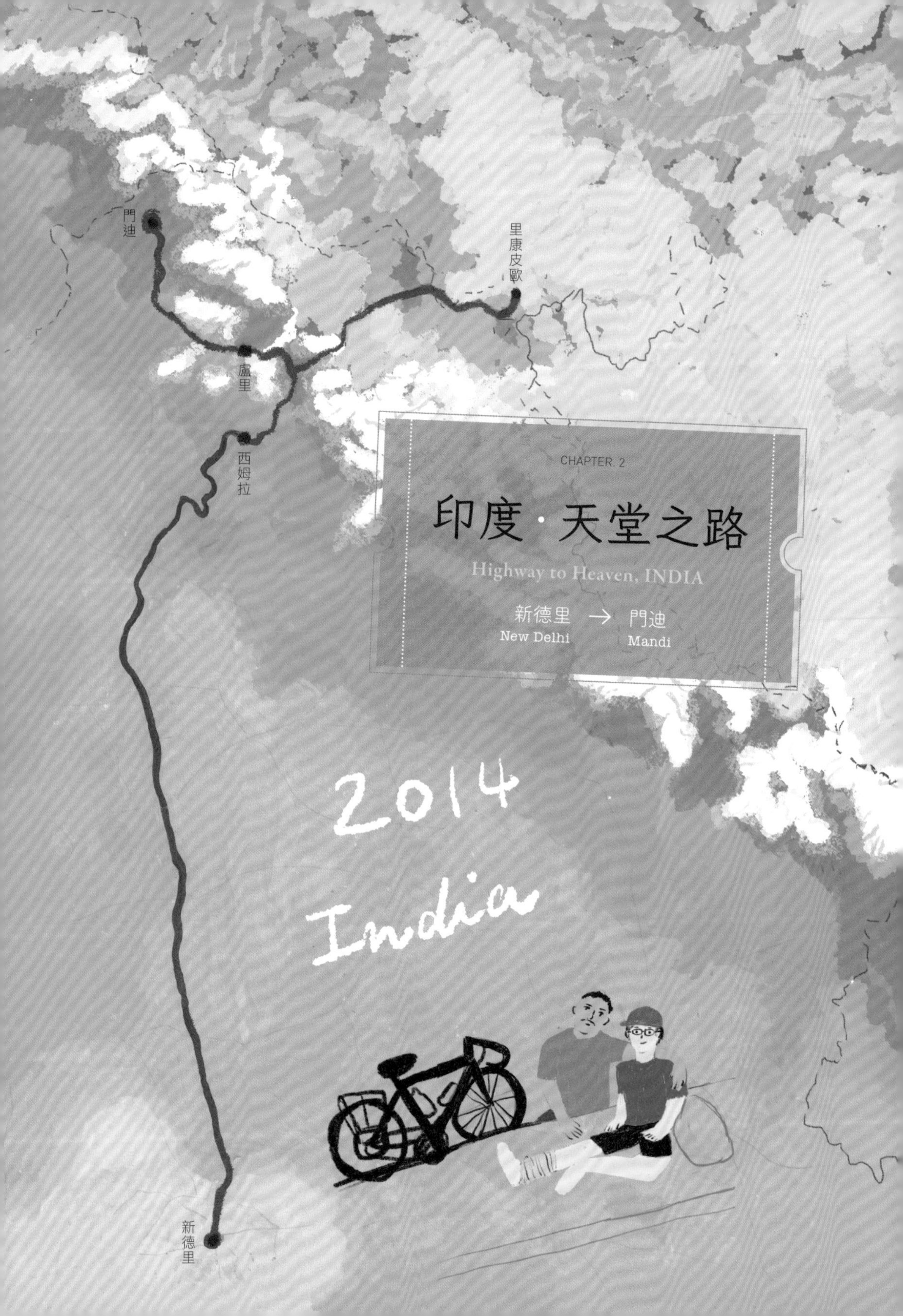
門迪
里康皮歐
盧里
西姆拉
新德里
2014
India

那麼，我要走了！

2014
四月 FEBRUARY

印度 INDIA

EXCHANGE RATE
匯率 0.5

　　下午一點半，我正坐在桃園機場 D5 的登機室裡，兩點半才開始登機，然而我已經在這裡嚴陣以待。現在的我非常地忐忑不安，我感覺到我的心好像被什麼高高地舉起又重重地拋下；就好像站在懸崖邊，望著腳下不斷發出「啪嗒啪嗒」的雪白海浪，下一秒即將縱身一跳，如此的戰戰兢兢。

此刻的我不管怎麼做都無法讓心情平靜下來：我感覺得到心臟悸動的聲音、口乾舌燥、吞嚥困難，甚至是頻頻作嘔。我伸長了耳朵，仔細偷聽身邊任何發出的聲音，或是觀察眼前的每一個人在做什麼。大部分的人都在滑著手上的智慧型手機；因為是在上海轉機，周遭的話語都是帶點捲舌音，需要花一點注意力，才能聽得懂其他人在說些什麼。

我應該很習慣「即將啟程」這件事，畢竟我已經歷了好幾趟旅行：走過環北海道、縱斷日本、青藏、絲路等，但是為何現在會……

日本、中國對我來說，都不是太陌生的國家。從小對日本文化的憧憬，耳濡目染，也學過幾年的日語；在中國，至少招牌、路標看得懂，說普通話也能溝通——但是到了印度，我就真的是「完全」的外國人了，一切就只能靠自己的隨機應變。

未知的國度、迥異的文化、險惡的環境，都是種種的考驗，這才是我第一次離開熟悉的環境。

我拿出了手機，想聽聽家人，以及朋友熟悉的聲音，或許我的心裡會踏實一點；我不能坦白心中的不安，這樣會造成他們不必要的擔心。

切‧格瓦拉說：「堅強起來才不失溫柔。」接下來就是我們的事了，我必須勇敢的往前走才行，我所要做的就是平安回來；平安回來才能完成下一趟更大的夢想。我說：「我是一個懦弱的人，我感覺到心中的害怕與不安。」

但你卻說：「雖然會害怕，但是你仍執意往前走，你是一個勇敢的人。」微妙的氛圍一直持續到我坐進了機艙的位子上。我的位子在機身的中間，一往窗外看去，是緊連飛機的巨大機翼。起飛時，受到氣流的影響，機翼的尾端會呈現不規則的上下震動。看著機翼的前端不斷地將眼前的白雲劃開，我開始思考這龐大機械怪物究竟是怎麼飛起來的。

印度，酷斃了！

人還在上海機場登機前的等候區，我就有種抵達異鄉的錯覺，飛機上超過九成都是西亞或南亞深邃的五官面孔：穿著傳統服飾、披著紗麗，額頭間點綴朱紅的婦女，以及蓄著大鬍子的成年男子。

印度時區比台灣晚兩小時半，抵達新德里機場時已是當地時間凌晨一點半。台灣時間是凌晨四點，平常這個時候的我早已呼呼大睡，然而飛機裡的位子真的很難睡，不管怎麼喬，身體就是覺得不對勁；一直翻來覆去，輾轉難睡到我都要落枕了，全身的關節就像生了鏽似的，稍微一動身體，就會聽到關節喀喀作響的聲音。

沉甸甸的巨大飛機順利降落新德里機場，入境印度的第一個關卡要

填寫如同身家調查的入境卡；如果不知道怎麼寫，海關前的填卡區會有穿著整齊制服的小男生協助填卡。我順便跟小男生確認：能不能從機場騎單車到市區。雖然已經不是問第一次了，但總覺得多問幾次，好像機會越大似的；通關倒也比想像中順利，在我還來不及反應時，面無表情的海關人員就已經把護照遞給我了。

行李轉盤前就有前往市區的交通資訊，連價錢都清楚列出來。我站在轉盤前，看著幾個一直沒人提領的行李轉了一圈又一圈，就是一直等不到我的大紙箱。

「該不會是寄到其他地方去了吧？」正當我胡思亂想，想著就算沒車騎徒步旅行也不錯時，一個穿著制服的工作人員走向我，雙手做著踩踏板的動作，問我是不是騎單車的；原來我的莎莉在超大件行李處。

跟著工作人員走，順利領到我的大紙箱後，在機場外頭花了四十分鐘左右將莎莉整裝完畢；組裝的過程引起周圍好奇的眼光，連掃地的清潔人員、穿著迷彩服帶著小帽的年輕航警，以及這個微妙時間點出現在機場的一大群小孩都圍了過來。大部分的人都會很有禮貌隔著一定的距離圍觀，有時候發聲聊個幾句問我從哪裡來，要往哪裡去。

這群小孩對我特別感興趣，頻頻問我需不需要幫忙；可不可以合照之類的。因為他們的腔調實在太特別了，我一直聽不懂他們在問什麼，結果一個胖胖的小男生就問我：「Can you speak English？」

還好這句我還聽得懂——我當然聽得懂英文阿，好歹我也念過好幾年書！

正當我想把眼前的盛況空前給拍下來時，一位年紀較大的航警就凶神惡煞地走過來趕人，劈哩啪啦罵了一堆；但我完全聽不懂他在說什麼，看他的表情跟肢體動作，應該是很生氣我為什麼在這裡組裝單車吧！趕緊收拾收拾，打包走人，難保下一秒會發生什麼事。

機場外，眼前分出了兩條路，一條往前一條往右，幸好地圖及路線都事先存在碼表裡了，在十字路口迷惘時還是能找到正確的方向。離開機場的路又大又直，我一直在想：「到底單車到底能不能騎在上面？」

然而一路上只有巴士、計程車，或是轎車呼嘯而過，什麼事也沒有發生。

原以為這條筆直的大路會一直不斷地向前延伸，路的盡頭會像是上海、西安、蘭州等大城市一樣，周圍都是高樓大廈。然而在過了一個高架橋之後，眼前的路突然變得殘破起來，讓我頓時驚醒過來：這才是真正的新德里啊！

到處坑坑疤疤、凹凸起伏，或是路面突然破了一大洞；昏暗不明的街道，有時是完全漆黑一片，四處彌漫著詭譎的氛圍，並參雜交錯奇怪的味道。沿路的野狗群，不斷地追著我跑，先是不動聲色地等我騎車經過，然後像不小心觸碰到某個開關似的，突然發狂亂咬亂叫。灰濛濛的天空漫布著烏鴉呱呱的叫聲，村民在昏暗的路上漫無目的游走或是坐在路邊。看到這一幕，吞一吞口水，默默對自己說：「這根本是惡靈古堡裡的場景嘛！」

「為什麼會有一隻大黃牛在路旁，一邊嘴裡嚼著草根，還一臉好奇地望著我呢？」眼前奇妙的光景，讓我忍不住回頭盯了好幾秒。

我驚呼連連地望著眼前的景色，一邊無意識踩著踏板。從我身後經過的轎車、計程車、嘟嘟車、甚至摩托車，也會下意識地回頭盯著我看，好像看到什麼奇怪的東西似的。

我望著那些握著方向盤的人們，突然間我才發現印度是右駕啊！原來我逆向騎車，難怪他們一直回頭盯著我瞧。

奇怪的是，有些路口處會有像平交道那樣的柵欄，或是重重深鎖的鐵柵門，甚至還有眼神銳利的警衛在看守著，我想裡頭應該是高級住宅區吧！然而壁壘分明的界線，也讓我對印度的貧富差距，多了一分狐疑與好奇。

在市區騎了一個多小時後，終於抵達先前預訂好的住宿。旅社翹鬍子的招牌非常好認，但現在才早上五點半，旅社還沒開門，還要枯等一個多小時。於是，我拿出了腳架準備自拍，打算紀錄今天的心得，結果就被一個聲音給叫住了，問我需不需要幫忙；我回頭一望，原來是深夜留守的警衛大哥。

Check in 時，我終於知道為什麼人家會說：印度是個很喜歡紙上作業的國家。個人資料就不用說了，還要填父親的名字、父親臺灣的地址，而且是一式兩份的英文表格；胡謅完台灣的英文地址，停好了莎莉後，我就癱軟在客廳的沙發上。奔波了一整天，終於可以好好休息了。

Asian Chaos

今　天的衝擊實在太大了，我必須花一點時間整理思緒，交待一下今天發生什麼事。

下午輕裝騎著我的莎莉，帶著電腦背包、相機，以及錢包等貴重物品就出門了。這間旅社非常有趣，裡面全是金髮碧眼的外國人，裡頭有Wi-Fi、自助的廚房、淋浴設備、有坐式的馬桶，甚至還有捲筒衛生紙；沒走出旅社外頭，我還以為身處在文明的西方國家。

新德里的街上，車子很多，人潮更多；汽車、巴士、貨車、摩托車和嘟嘟車的喇叭聲此起彼落，就連三輪人力車夫也用力敲著車鈴，加入這場露天的平民交響樂，難怪作家劉士銘會說：「在印度，喇叭一定是歸類在耗材。」

　　印度的人口數及人口密度，堪稱世界前三名，騎在新德里的街上，必須在擁擠的車陣、摩肩擦踵的人群裡左閃右躲。路上的車輛及行人達成很特殊的平衡關係，如此壯觀的車流量下，卻沒有車子撞在一起。而我則是盡量遵守當地人自成一格的交通默契，把在台灣學到的那一套交通規格全部抽離；當地人勇往直前往前衝時，我也跟著義無反顧往前衝，頭也不回。

　　街道上時時彌漫著食物腐爛的味道，不知道為什麼居民要把堆肥放在路上，到處都是蒼蠅在振翅飛舞。高架橋下的公園裡，住著無家可歸的窮人，生活的一舉一動都被看得清清楚楚，毫無隱私地攤在光天化日之下，在車水馬龍的新德里路邊真實上演。瘦骨如柴的大黃牛在路上大搖大擺地走著；除此之外，還有皮膚黝黑，衣衫襤褸的小女生，拿著破鐵罐穿梭在車陣之中。

　　一隻隻的烏鴉漫天盤旋，或是停在高高的圍牆上，呱呱的聲音此起彼落。到處都會有裹著毯子的人躺著路邊，經過時我就在想：裡面包裹的究竟是不是活人。看他們有些人會甩甩手，或踢踢腳來趕走蒼蠅，幸好他們還是活的，不然就太恐怖了。路上也會看到野狗一動也不動地躺在路邊，這就不一定全是活的。如果是屍體的話，整個身體會因腐爛所產生的氣體膨脹鼓起來而四腳朝天。

　　一定會有成年男子在路邊背對著馬路尿尿，或是大概學齡前的小孩子蹲在地上便溺。街上不僅瀰漫著詭譎的味道，一邊是現代化先進的捷運系統，另一邊卻像二次大戰遺留下來的遺跡。此時，我已經學會怎麼分辨地上那些便便是人拉的，還是牛拉的了。

　　一個黃色皮膚的東亞人騎著單車在新德里街上閒晃，實在太醒目了；所到之處，身邊的每一個人都緊盯著我瞧。直到現在，我已經超過十二小時沒吃過任何東西，沒喝下一滴水，已經餓到頭昏眼花，有點胃絞痛了。但是周遭眼巴巴盯著

我瞧的眼神一直沒有停過，讓我感到全身不自在，不敢停下來，只能乾瞪眼看著好不容易出現的街邊小販從身旁經過，然後驅車離開。

我將原本綁在後貨架上的電腦包取下改背在胸前，換取一點安全感。當我騎在路上時，還有一個穿著制服，看起來很像是小學剛下課的小女生，迎面衝過來跟我說：「Excuse me.」嚇得我拔腿就跑，根本沒心思聽她接下來說了些什麼。真的是毫不猶豫狂奔而來，如果她不是小女孩，我會以為她是想製造假車禍。

還有一個年輕人更誇張，直接跳坐上我的後貨架，嚇得我尖叫一聲，屁股離坐墊至少有十公分高，連對方也嚇到叫了起來。

「應該只有我有權利尖叫吧！你憑什麼叫呢？」我在心裡頭嘀咕著。

弔詭的是，我竟然下一秒就接受他坐在我後頭搭便車的這件事，我還用中文問他：「要去哪裡？」幸好，他在下一個路口就跳下車，獨自留下心靈受創的我。

繞了一會兒，被熟悉的招牌給吸引過去；鄉親土親，不如麥當勞親，人在國外特別有感。麥當勞門口也有個拿著鐵罐的小女孩在守著，現在的我如驚弓之鳥，一點小舉動都會讓我反應過度，我壓抑住想掏錢給她的想法，搖搖頭，給她一個笑容，但是我不能給她任何東西。最後，我還是沒有走進麥當勞，因為我放心不下我的莎莉孤零零的鎖在外面，只好繼續餓肚子。

我在一家看起來還算正派的商店買了一罐汽水，在店門口就咕嚕咕嚕喝了起來，價錢是七十五盧比，第一次在印度買東西，我也不知道是貴還是便宜。拿了一百盧比給老闆，但是他沒有五元紙鈔，於是塞了二十盧比，還有一片應該是價值五盧比的口香糖給我，然後我就逃回住宿的地方。晚上我在線上遇到日本車友亮桑，趕緊把我在新德里看到的一切跟他說。他說這是亞洲混沌（Asian Chaos）；我則告訴他，明天馬上出發，刻不容緩。明早實施逃離新德里計畫。

死神的便意

夕陽餘暉的西姆拉山城！

從卡爾卡（kalka）開始，接下來就要進入山區，一直到海拔兩千兩百公尺的西姆拉（Shimla），里程約九十公里，是無止盡的蜿蜒山路；這一段路騎的很辛苦，平均時速只有辛酸的十公里。路上最常見的有標榜「Factory Outlet」的服飾店，以及掛著「English Wine」、「Cold Beer」招牌的酒水店。沿路景色和中橫公路很像，尤其是沿著山坡星盤羅布的五顏六色房子，騎車時我一直在想：「這根本就是往清境農場的路上嘛！」

中午路邊出現了西瓜攤，見我騎車靠近，西瓜攤老闆就邀我下來休

息，還切了一片西瓜讓我試吃解解渴；就算他沒讓我試吃，我也早已篤定今天的中餐就是吃西瓜。每一個西瓜都是秤顆賣的，就算挑了一個最小的還是吃到我非常撐。用的還是傳統的砝碼秤。這裡的人也像日本人那樣加鹽吃西瓜，加的還是粉紅色的鹽巴，出乎意料的好吃。

雖然我是抱著就算拉肚子也要嘗試看看的心態，但是沒想到它來的這麼急，上路不到半個小時，就有反應了。還好我一感到肚子不對勁，馬上尋找隱密的樹叢，要是再晚個五分鐘，我的人生就毀了。我吞了一顆止下痢的膠囊，但是情況沒有好轉，一整個下午都處於肚子翻攪的困境之中。

我躲在一個看似廢棄的建築物後面上廁所，原以為應該夠隱密才對，結果它竟然是巴士的停靠站。自從我蹲下找掩蔽後，就不斷地有人在這邊上下車、等巴士，周圍傳來完全聽不懂的稀稀疏疏聲音。而且還有汽車從我面前的碎石小路出現，看著巴士裡頭的乘客，像慢動作般的在我面前經過，我開始後悔剛剛應該要戴著頭巾上廁所才是。

一路上我沒有心情看風景，因為我都在找能上廁所的隱密樹叢。進西姆拉市區後，路又變得非常擁擠，車子又非常的多，路肩魚貫了一整排要步行到市區的

根本是往清境農場的路上！

73

度假遊客。山城的路實在是太陡太難騎了，我只好下來用牽的，因為車子很重的關係，我必須要將身體壓得非常低，才有辦法往前進。

廣場前的路分成兩條，在我不知道該選擇哪一條路走時，一個操著蠻流利英文的男子向我搭訕，問我需不需要幫忙。我說要找 YMCA，他說他認得路要帶我過去。我心裡面直覺他應該也是在拉住宿的，但是在這個當下，我只能選擇相信他，跟著他走。

在一個路口處，他指著眼前漆黑看不見盡頭的階梯說：「前面就是 YMCA 了。如果你願意的話，我可以提供另一個不錯的選擇：有獨立的房間及衛浴，可以痛快洗個熱水澡，還有 Wi-Fi 可以使用。」

「YMCA 只有一張床，而且沒有 Wi-Fi，衛浴也是共用，你知道的。」於是他直接開門見山，問我預算多少？

這樣很乾脆，價錢先談攏，不然講再多，都是浪費彼此時間。

我思考了一下，說「大概五、六百盧比吧。」

他說：「OK」，就六百盧比！

於是我們就這樣確定了今晚的住宿。

往旅館的路上又是蜿蜒的羊腸小徑，有些路段只有階梯，要用扛車的方式上去，彷彿是穿梭在九份山城的巷弄間，分不清東西南北；費了九牛二虎之力，才抵達最深處的旅館。

途中他特別提到山城裡猴子特別多，常會破壞東西什麼的，還煞有其事的指著一條斷裂的電線說：「這是猴子幹的。」

起初我還以為他只是在閒聊，後來才發現，這是一個伏筆。

登記時，他就指著櫃台後方的無線基地台說：「你看，這是 Wi-Fi，但是很抱歉，網路線今天被猴子咬壞了，也許是晚上，或者是明後天才修得好⋯⋯」。

非常陳腔濫調，漏洞百出的說法。他想繼續解釋，而我打斷他並拍著他的肩膀說：

「沒關係，你帶我找到 YMCA，又幫我扛車上來，我相信你。」

現在的我也不想再扛車下山去，只想好好安定下來再吃頓飯。他先帶我看過有陽台、可以看山城夜景的一千盧比的房間，期待我可能會想升級豪華的套房。

「沒關係，這些我都用不到，六百盧比的房間就好。」我揮揮手示意他直接帶我去最便宜的房間就好。

洗完澡後，我穿上厚重的狗鐵絲外套，帶著相機及腳架出門去吃晚餐，順便拍拍山城的夜景。正當我走在街上，煩惱著要如何上網時，又一個年輕人來跟我搭訕。就這麼巧，他就是在做網咖的，一個小時三十盧比，實在有夠便宜，二話不說就跟著他往山裡走去。網咖位於暗巷最裡面，膽子要很大的人才敢走進來。我向昏暗的屋子裡頭鬼鬼祟祟地探去，屋子裡放了兩台電腦，牆壁上掛了好幾張地圖跟風景照片，看來真的是網咖。

在這裡收到情報，從馬納里（Manali）到斯皮蒂谷（Spiti Valley）的路上會經過兩個超過四千公尺的啞口，這個季節啞口還在下大雪，根本沒辦法通行。聽到這我的心情有些受挫，煩惱著接下來的路要怎麼走。

晚上的西姆拉冷到我直發抖，即使穿著羽絨衣，還是感到寒風刺骨。街上就有賣羊毛的頭套跟圍巾，明天來去挑個幾件，為接下來的路做準備，之後要在大雪紛飛的天氣中騎車搭帳篷了。

猴子強盜

山頂上巨大的紅色哈努曼神像。

早先到山腳下的小雜貨店做採買；一想到接下來兩個禮拜，橫越兩個超過四千公尺的啞口，搞不好還會碰到大雪，還是多買一些巧克力當備用糧食，心裡比較踏實。經過了昨天九十公里的一級坡奮戰，大腿肌肉還處於痠痛的狀態，上下樓梯超有感。下午到山頂的 Jakhu 神廟參觀，神廟前矗立著巨大的紅色哈努曼神像，即使從市區的廣場往山頂望去，依舊清楚可見；昨天一進西姆拉山城時，我就很想爬上山頂一探究竟。

登山口處，有個黃底紅字的告示牌，可以藉由爬上山頂的時間，評測自己的體能。以我的例子，三十歲到五十歲的，四十五分內算非常厲害；四十五分至六十分，勉強合格。有趣的是只要超

過七十歲的，能走上去的就算及格了。完全沒有任何路牌的指示，也沒看到什麼遊客往這邊走，一點都沒有要去朝聖的感覺，遇到叉路時只好問當地人要往哪走。

往山頂的路上雖然很陡，但是距離很短，以我的腳程來說不用半小時就走完了。在過了一個拱門時，突然有個軟軟的東西趴在我的頭上，然後瞬間消失。由於事發突然，只有半秒鐘不到的時間，我完全搞不懂發生什麼事了，就好像出了意外的人，永遠想不起事發的經過，因為這一切都來得太急太快了。

回頭望去什麼人也沒有，一切正常，沒有異狀。

「難道是我多心了？」

正想繼續往前走時，才發現眼前的路怎麼都看不清了；再摸一摸臉龐，原來是我的眼鏡不見了。

眯著眼很吃力地再環顧一次，果然有一個猴子坐在梁柱，正津津有味地含著我的眼鏡。

「沒了眼鏡接下來要怎麼騎車？未來還要翻過好幾座高山，難道要憑感覺嗎？」頓時間我感到天旋地轉，前途一片黑暗，只差沒癱軟在地，一個聚光燈打下來。

正當我還在愁雲慘霧，想演內心戲時，身旁的男子叫住了我，指著我身後；我回過頭，看到拱門上的鈴，是要去敲那個鈴嗎？難道是因為大家都有敲鈴，我沒敲，所以冒犯了神靈，猴子看我不爽，把我的眼鏡搶走了嗎？還是因為我剛剛拍了猴子照的關係呢？

難道是因為我拍了猴子照嗎？

還好我沒去敲那個鈴。

可是眼鏡都被搶走了，敲了鈴，眼鏡就從天而降嗎？有這麼神奇的事——猴子已經跑很遠了耶？

我心中滿是疑惑地走向那個鈴，準備用力敲下去。如果這麼簡單就能消除我的業障，要我敲一百零八下也心甘情願，在所不惜。

說時遲那時快，就當我的手只差那個鈴不到一吋的距離時，另一個男子叫住我，帶著身心受創的我到階梯口的小販那。男子說明完我完全聽不懂的原委後，小販就像箭一樣衝了出去，往猴子那裡狂奔。猴子見小販追來，嚇得拔腿跑得更遠，跟他玩起了捉迷藏，其他的猴子則一哄而散跑開，有的嚇到跑到樹上去了，在場的其他人都在關注眼前的戲碼會怎麼發展。

我則站在原地枯等，因為已超過我現在視力所及的範圍，不知道接下來會怎麼發展，只能在心中胡思亂想，把最壞的情況考慮進去。身旁的另一個小販叫了我，要我給他二十盧比；我還處於「創傷症候群」的狀態，雖然不知道為什麼，我還是傻傻地掏錢出來。

後來我才知道，這二十盧比是要買零食用來跟猴子交換眼鏡。幸好整個事件不到十分鐘就落幕。

擔心眼鏡再被搶走，於是我乖乖的把眼鏡收起來，藏在外套內側的口袋，並把外套的拉鍊緊緊拉上，連外套的帽子也帶上，把自己包得緊緊的，這樣就「外」無一失了。一路上，我都繃緊了神經。一邊往上爬，一邊左顧右盼，隨時注意身邊可疑的風吹草動。心想，還好我剛剛沒去敲那個鈴，不然身旁的人還以為我腦袋有問題了。

里康皮歐

邊境里康皮歐。

出城的路總是錯綜複雜，我在西姆拉這個山城大迷宮裡困了一整個早上；早上九點多出門，下午兩點才離開西姆拉不到一公里的距離。或許是我問的方式不對，我問馬納里、拉達克怎麼走，問到的都不是我要去的路。

後來學乖了，直接拿出先前準備好的備忘錄，指著 Reckong Peo 的字跡問接下來要怎麼走。終於從當地人嘴裡得知念法，原來是唸「里康皮歐」，深怕腔調不對又問錯了路，於是整路上我都在默念「里康皮歐、里康皮歐、里康皮歐……」

直到我買了紙本地圖才知道，只要沿著 NH5 公路，一直往東邊走，就能抵達兩百六十公里外的里康皮歐，再往東去就是我夢寐以求的斯皮蒂谷，那裡是隱藏在喜馬拉雅山脈下的秘境，當地人稱之為「喇嘛的土地」。

過了里康皮歐之後，就是中國與印度領土的爭議區，需要辦 Inner Line Permit 才能通行；中國人當然不能通行此處，但是身分特殊的台灣人要申請簽證也很麻煩：因為我們的護照寫著 Republic Of China，邊防官就會認定我們是中國來的，百般刁難，不肯放行。

我在里康皮歐的 Little Chef 一連住了三天苦等著辦 Inner Line Permit。這是一間很有趣的旅館，樓下的餐廳有 Wi-Fi 分享器，訊號也收得到，但是網路就是連不上；線重插也重開機了，就是無法連線，搞得我心浮氣躁。

旅館的工作人員跟我住在同一層，就住在我廁所的後面，是一家好幾口人住在裡頭。夜裡半夢半醒之間，常聽到爸爸、媽媽，與兩個兒子在閒話家常──這些都不打緊，但是夜裡拉肚子時，隔音很差這件事，就讓我壓力非常大。肚子翻攪的非常厲害，但是我又要控制噴噴的力道，深怕影響到他們聊天的興緻。力量放太少，出不來；力量全放掉，又怕嚇到人家。日本的廁所都會放音樂，現在想想真是超貼心的設計。當初還覺得說：「是有必要這麼拘謹嗎？連上廁所還怕被人聽見。」

但是現在的我，真的超需要。進退兩難。

我在想是不是該唱個歌好了，這樣可以掩飾我噴噴的聲音，但是現在的我卻一點唱歌的心情也沒有，在海拔近三千公尺的里康皮歐，我連呼吸都感到急促。

走到樓下跟老闆抱怨網路從昨天不能用到現在，請他一定要想辦法，後來他就帶我到另一間 Little Chef 餐廳去上網。昨晚登記時，有兩個小孩在餐廳裡打 PS2 的賽車遊戲，今天又看到另外一批小孩手裡握著鈔票來打 XBox 360，原來這裡還提供電玩租借的服務，老闆真是會做生意。偷看了一下牆上的價目表，一人每小時是四十盧比，兩人六十、四人八十，六人則是一百二十盧比。餐廳裡還

有一台超過五十吋的 Sony 液晶電視，無時無刻都在放高畫質的板球運動頻道；桌上放有兩、三台筆記型電腦供人租借上網，這裡的先進突破了我的想像。

接近中印邊境的關係，路上有很多警察走來走去。遠處是白雪皚皚的雪山，被冰雪覆蓋的山頭似乎比昨天更多了。我買了肖想很久包著金黃色番薯泥的三角形印度點心，老闆拿給我之前還會先用微波爐加熱過，再用舊報紙做的紙袋包給我，我喜歡這樣隨性的氛圍。

下午很舒服的躺在房裡看出發前兩天買的《單車放浪》。因為一直放在背包裡的關係，外觀有點破破爛爛的，雖然書中講的是將近四十年前的印度，現在讀起來還是很有感覺；感覺上好像這四十年來，印度都沒有什麼太大的變化。

流淌不停的時間，似乎對這裡輕如鴻毛。

I am from Taiwan

我準時出現在代辦處要辦 Inner Line Permit。原以為只消一、二個小時就能搞定，於是我只帶了簡單的隨身物品出門，莎莉及其他行李都放在旅館房間。洽談的過程一開始都還順利，與代辦員阿莜（Arjun）閒聊、填寫表格，等另一位要申請 Inner Line Permit 的外國人出現——直到我拿出了護照，阿莜看到上面的 Republic Of China。

「我想我們有些問題了！」他皺著眉露出有點為難的表情。

我趕緊解釋，說明 China 跟 Taiwan 不同。他說他知道，但是政府的官員可不是這麼想。

「而且你的簽證還註明了不允許前往邊境。」

我翻看著護照裡的印度簽證，裡頭還真的有一行小字註記在上面。

在我的死纏爛打下，阿葭只好勉為其難地替我去辦事處詢問；我枯等了二十分鐘後，阿葭來電說：「恭喜，對方接受了。」

然而心裡的大石頭才放下沒多久，手邊的表格都還沒填完，他就傳來壞消息，說是最後一關的邊防官不肯核准我的申請。

同行辦 Inner Line Permit 的麥可幫我跟阿葭解釋 China 跟 Taiwan 的不同。博學的麥可甚至提到了當時蔣介石將國民政府遷到了台灣，所以叫作 Republic of China；中國則叫作 People's Republic of China。雖然很像，但是彼此是不一樣的。

阿葭聽懂了麥可的解釋，知道了差異，但是邊防官才不關心你是 Taiwan 來的，還是 China 來的，他只認定護照上有出現 China 的字眼，就是不可以。

我問阿葭邊防官辦公室在哪裡，我去向他們解釋。我心裡這樣告訴自己：別人可以不認同我的國籍，但是我不能沒做任何抵抗，就接受眼前不合理的事情；就算不能改變結果，但是我一定捍衛自己心中的價值，勇敢地表達自己的立場。

我敲了門並走進辦公室，向坐在氣派辦公室正中間的男子說明了來意。「China 跟 Taiwan 是不一樣，連護照的顏色都不……」不等我說完，對方就不快地搶走了我的護照，翻到資料欄的那一頁，手指著國籍的那一行說：

「這裡有 China，這是再清楚不過了，不是嗎？」

我再一次陳述我剛剛說的話，試圖賴著不走，然而對方卻逕自地撥打了辦公桌上的電話，然後一位穿著傳統服飾的年輕女秘書走進辦公室，請我離開。

我後來向另一個代辦員奈吉（Negi）請求幫忙，我向他借了電腦，上網找了 China 及 Taiwan 的維基資料；維基上面清楚地提到兩個國家是不一樣的，甚至各自有自己的國旗、國徽及總統，希望能藉此說服邊防官。或許成功的機率依舊很低，但是我不能接受自己毫不抵抗就放棄了自己的信念。縱使於事無補，至少我曾經努力過，也掙扎過。

我想起了以前在日本辦「外國人在留卡」時，被市役所的人登記成「中國國

籍」的往事來。以前的我總是不能明白，為什麼有些人會為了「外國人在留卡」的國籍上被登記為中國，而不惜大吵一架，也要跟市役所的人據理力爭——但是我現在懂了。

後來麥可說：「I know you are different from the guys, even some Canadian people don't know, but you have to protect your country.」

我的肚子持續著昨日不適感，並且有越來越嚴重的趨勢，身體及心理都面臨了很大的考驗。我回到旅館稍作休息，下午三點整我又準時出現在代辦處，隨後出現的奈吉拿走了我的護照，並要我在原地等待，他去處理 Permit 的事情。大約十幾分鐘後他回來了，捎來一樣不好的消息。

奈吉說邊防官很清楚 China 跟 Taiwan 的不同，連香港、澳門的關係都知道；但是有 China 的字眼在護照上，他就是不能放行，這是他的職責所在。

「可能是前一陣子有兩個中國人在邊境出了一些麻煩，所以局勢才會變得如此敏感。」他給了我一些建議，要我去其他地方看看，並幫我查了回程的巴士時刻表。

我聽了奈吉的話，心裡已經接受不能再往前走的事實。離開了代辦處，我往邊防官的辦公室走去，想親口聽到對方官員拒絕我，我在辦公室的門口等了兩個小時，然後又走進了裡面。

西裝筆挺的邊防官一開始沒認出我，不帶任何感情的問我需要什麼幫忙，但是下一秒他知道我又來了，一瞬間露出苦惱的表情。他依舊搶走我手中的護照，指著護照上的 China。

我說，我已經從代辦處那裡知道結果了，但是我只是想用五分鐘的時間表達我的立場。

「我只是想了解，你是否知道 China 跟 Taiwan 是不一樣的。」

他說他知道，就連香港、澳門、台灣，他都明白是「不一樣」，但是職責所在，他不能放行。然後他又撥了華麗辦公桌上的室內電話，於是穿著傳統服飾的年輕女秘書又走了進來。

歡迎光臨，印度甩尾

我的莎莉就放在巴士車頂上。

巴士站裡黑壓壓一片，鴉雀無聲，只有一台沒發動的巴士靠在路邊。正當我以為錯過了往門迪（Mandi）的巴士時，沒多久我就看到巴士緩緩從山坡上滑進巴士站。

印度巴士的行李都是放在車頂上的，我還在煩惱著要怎麼把沉甸甸的莎莉扛上車頂時，車長就喚來了旁邊的搬運工來幫忙。由我在巴士頂上拉莎莉，三個搬運工在下面扶著推上來；一個搬運工幫我把莎莉用繩子固定好，兩個馬鞍袋及帳篷則壓在莎莉下面。上車前，他們跟我要了小費，我拿了十盧比的鈔票出來，但是這裡有三個人，三張嘴，十盧比

要怎麼分阿？他們木然地站在原地不肯走，我只好再掏出兩張十盧比的鈔票，交到其他人手上。

　　從里康皮歐到蘭姆普爾（Rampur）距離約九十公里，前半段到旺圖（Wangtu）的二十公里路，只能用滿目瘡痍來形容；到處都是落石坍方，顛簸不已；橫臥在路邊的大石頭，有些大到至少要兩個成年男子才能環抱起來。遍地狼藉，散落一地的樣子，好像不久前才跟上面的懸壁分開似的。看到眼前的光景，我就在想怎麼會有人想在這種鬼地方騎單車呢？而我就是前幾天剛騎車經過的那個神經病。

　　一路都是蜿蜒的急促下坡，車速又急又快，我看著眼前的乘客一下被甩到右邊，一下又被晃到左邊。簡直是現實中的印度頭文字 D，這裡沒有「水溝蓋跑法」，但是巴士都是貼著岩壁，或是沿著懸崖邊甩尾。每一個剛上車的乘客，都是乖乖的坐在最前面的位子；只有我坐在最後面靠窗的位子，往窗外看去，巴士的尾部已經在甩到懸崖外面，只剩後輪還貼在路面上。

　　在巴士上，司機負責開車，車長負責收錢。車上沒有下車鈴，車長跟司機溝通的方式是靠吹哨子。下車停車，就吹一聲；大家都坐定，就吹三聲，可以開車了。遇到狹路相逢會車時，倒車也是靠哨子指揮。

狹路相逢，倒車也是靠哨子指揮。

車長手上揣著一整疊不同面額的巴士券，原以為車長是個很閒的工作，其實他非常的忙碌，因為一直有乘客在荒郊野嶺，連站牌都沒有地方上下車。一找到空檔，他就會頭靠著前面的椅子，稍微闔眼打盹。

離開 NH22 公路，巴士進入像是產業道路般的蜿蜒小路，下午繼續上演真實版的印度頭文字 D。一天只有一班到門迪的班次，過了蘭姆普爾之後，上下車的乘客絡繹不絕。算一算巴士的椅子數目，加上司機，一共有三十八個位子，大部分的時候，載客率都維持在七、八成以上。甚至有段時間我這排位子坐滿了三個人，我才驚覺到印度巴士的座位也太擠了吧！彼此的肩膀抵著對方相當不舒服，好像二個位子坐了三個人似的，膝蓋已經頂到前面的座椅，比坐在廉價航空的機濟艙上還要痛苦。

離開盧里後沒多久，司機在半途中換手了，從另一輛對向的巴士來了個新司機，背著土黃色的後背包，矯健地跳上我們的巴士，接手後半段的印度甩尾。我猜原來的司機應該是被載回里康皮歐休息了，要在這麼驚險的山路博命演出，想必是相當勞心傷神。

一個坐在我前面位子，大約十來歲的小女孩，「刷──」一聲拉開窗子，對著外頭吐了口口水。

我還在想：「夭壽！怎麼這麼噁心，還吐口水！」

然而看她表情猙獰地一連吐了好幾口，原來是我誤會了：小女孩暈車了。我聞到一股作噁的酸臭味，趕緊拿出頭巾包住口鼻，不然我也將失守淪陷。我前後的乘客都沒堅守到最後，在車上無聊，我就開始計算有幾個人承受不住，一共有四個人。幸好我在海上歷練過，還算是海上男兒，見識過海上的大風大浪，這點小顛簸還頂得住。

巴士的速度很快，只要是有髮夾彎的地方，司機都會沿路按喇叭示警。固定行駛一段時間後，司機會停車讓乘客下車透透氣；有時候是開進了小村落的巴士轉運站，等待其他地方來的乘客；或是停在山區只有二、三家商店的小休息站，下來喝喝下午茶，吃吃印度點心。

除了乘客在看起來鳥不生蛋的地方上下車外，還有幾個情況司機會停車：

一、路上有不看路的牛、羊、馬、驢群在路上閒逛——尤其是羊群的數量最龐大，一群至少有一百隻以上。司機一邊狂按喇叭，牧羊的人一邊拿樹枝拍打著羊咩咩的屁股，牧羊犬在後方壓隊。

二、看到親朋好友，一定要停下來搖下車窗握個手，噓寒問暖——有時候開過了頭，司機還會倒車聊個兩句，車上的人都沒說什麼，後頭等待的小汽車也乖乖地等著，連喇叭都不吭一聲，就好像這一切在印度是稀鬆平常的事，聊個天握著手又不會怎樣，只有我這個外國人沒見過世面，覺得稀奇有趣。

三、對向也來了大車，需要倒車讓彼此通過——蜿蜒的山路，大部分的路段都只容許一輛車經過，一旦對向來了像大貨車或是巴士的大車時，一定要有人倒車讓路，才能彼此通過。

好幾次我望著腳下至少有好幾十層樓高的懸崖，心裡納悶著：「哪有可能過得了啊！」結果還真的平安無事繞過去了，超級神奇的。

會車時，你可以清清楚楚地看到另一輛巴士上每一位乘客的表情，彼此面面相覷，或是微笑，甚至近到只要拉開窗戶，彼此就可以握手說 Hello。只能說，敢在這山裡頭蜿蜒小徑橫衝直撞的司機，肯定有兩把刷子。即便如此，我還是要抓緊巴士的扶手，嚴正以待做好隨時要降落的準備，以備不時之需。

牧羊的人拿樹枝拍打著羊咩咩的屁股。

聊個天握個手在印度稀鬆平常。

Bus Accident

意外發生的太快了，以至於我來不及去想「該怎麼辦」這件事情，等到混沌的腦筋清醒一點，已經是兩天後的事了。意外發生的那一瞬間，不斷地在我腦海中倒帶，雖然明知於事無補，我還是不由自主的去想：如果那一秒，我趕緊抓住了欄杆，那麼，接下來故事的發展又會是怎樣呢？

巴士在蜿蜒的山路，上演了真實版的印度頭文字 D，早上四點半由里康皮歐出發，抵達兩百五十公里外一個不知名小鎮，已經是晚上七點多。我們在這裡換搭另一輛巴士，然後再前往終點門迪，車程約三十分鐘。

我爬上了巴士頂部，想要靠自己的力量，將所有行李及莎莉移到隔壁那一輛巴士上。儘管車長先生曾警告過我，不要爬到車頂行李架上，要放行李交給旁邊的搬運工處理就好；但這對已經流浪這麼久的我來說，應該不是太困難的事情才對，如果自己可以做的事，當然不希望假手於他人。

　　我先抓起兩個馬鞍袋及帳篷，拋到隔壁巴士頂部，鐵製的行李框架，因此發出碰、碰地很大的聲響。我將莎莉扛在右肩上以右手扶著，左手則抓住後車門上的鐵欄杆。我必須將左手放掉然後再馬上抓住下一個欄杆，才能夠慢慢下降。然而一個沒抓緊，腦海中的往事跑馬燈還沒閃完，我就已經跌坐在地上，莎莉則是重重地壓在我的身體上面。

　　身旁七、八個印度人見狀，趕緊衝上來團團圍住我，兩個人分別撐住我的左右肩膀拉我站起來；其他人則是把壓在我身上的莎莉移開，並問我有沒有怎樣？需要什麼幫忙？他們能為我做什麼？之類的話語。

　　我往下一看，整個右腳掌呈現一個很不自然外翻的角度：我知道事態嚴重了。

　　「我想我的腿可能斷了。」

　　「斷了？你的腳沒事阿？」

　　眾人試著把我的右腳膝蓋彎曲，然後告訴我這個連安慰都算不上的回答。他們把我扶上了往門迪的巴士，幾個人把莎莉扛上了車頂。

　　我後來回想，在那個當下我應該直接去醫院才對，為什麼我那時還執意要去門迪呢？即使是事發好幾天了，我還是想不到答案。或許，就只是意外發生那一刻，我正好在往門迪的路上，如此簡單而已。

　　坐上巴士的椅子後，疼痛感如海嘯般席捲而來，不斷地拍打著我。我的右腳承受了這輩子從來都沒有過的巨大痛楚；我全身發燙，額頭汗涔涔地滴下水珠，並且感到呼吸困難，好像全世界的氧氣都離我而去，眼前就像壞掉的電視螢幕似的，不斷地閃爍著黑白雜訊。

　　我伸出手抓住眼前的身影，勉強擠出幾個字：「My bicycle please tied.」

我用右手指著車頂，然後做出繩子繞圈圈的動作。我重複說了好幾次，但是圍著我的每一個人，沒有任何人聽得懂。眼前終於雜訊落定，原來是一個黝黑皮膚的當地年輕人，但他也一頭霧水幫不上我的忙，只好雙手緊握著我的手說：「Nice to meet you.」

　　只有這句話講得超標準的，然後年輕人一溜煙地匆忙逃離。

　　我環顧四周，希望能找到車長熟悉的身影，至少我跟他相處一天了，他應該不會棄我於不顧才是。好不容易我看到他出現，我一個字一個字地把自己的情況告訴他。

　　「我不是告訴過你，不要自己爬上車頂嗎？」他的不悅反應出乎我的意外。

　　我可以理解他的心情，發生意外的我，勢必會影響到他下班回家休息的時間。他要我坐好不要動，等到了門迪再說，剩下的我已經無法再集中注意力聽他說了什麼。最後，我帶著不安及惶恐的心情抵達門迪的巴士站。

　　等到其他乘客都下車後，我一手扶著車門，一拐一拐地跳下車，在巴士站等車的熙攘乘客見我步履蹣跚，趕緊上前左右攙扶著我跳進了辦公室。至於我的莎莉跟行李是怎麼下來的，我一點印象也沒有。

　　這間辦公室，一面是售票處的窗口，我被一群人圍著訊問時，還有人將頭橫著挨在窗口的縫隙，問什麼什麼地方該怎麼去。他們一群人用著我完全沒頭緒的語言討論著該怎麼處置我，當他們窸窸窣窣的交談聲戛然而止，所有的目光轉過來盯著我時，我只能連聲頷首道歉，抱歉造成他們的困擾。

　　「你就只會說抱歉而已。」我只聽懂車長說的這句話。

　　他們問我現在要怎麼辦？還要不要去馬納里？要去旅館還是醫院？需不需要叫 Auto Driver 呢？

　　我的心頭也是一團亂，不知道該怎麼做。如果去了醫院的話，那我要怎麼過去，我的莎莉跟行李能放在醫院嗎？或者我先去旅館登記放行李，然後去醫院治療，等復原的差不多了再回旅館。

但是，我現在這個情況，要怎麼帶著我的莎莉移動，我連走路都感到呼吸困難了。他們說的 Auto Driver 能幫我這些嗎？或許，我可以把東西放在這個如同拷問房的小辦公室裡，幾天後再回來。

　　「No person, package gone.」，最後一個提議被否決了。

　　值夜班的先生願意幫我顧行李，莎莉跟行李可以寄放一個晚上，但是隔天早上他離開後，辦公室裡就鬧空城了。我感到有些失落，然而選項變少了，至少我也不用苦惱該怎麼做，有時候沒後路可選擇，只能勇往直前，也是一件好事。

　　「I don't go anywhere，」我指著自己，然後說：「Go to hospital.」

　　他們帶來一個 Auto Driver，交待他帶我去醫院，然後再回到這裡載行李。巴士站的人給我一張寫著夜班人員姓名的小紙條，隨後我要了一隻放在辦公桌後面的拐杖，我不知道這拐杖是怎麼來的，猜想可能是前一個乘客遺留下來的，但不管如何至少我能跳著前進了。

　　見到黃綠色的三輪嘟嘟車我才恍然大悟，原來 Auto Driver 指的是嘟嘟車司機。眼前這一位年輕人叫作敏竹（Minzu），他扶著我的右肩跳上了嘟嘟車，我向他握手致謝，並在有些破爛的土黃色小筆記本上記下敏竹的名字及電話號碼。敏竹帶著我在昏暗的門迪街頭蜿蜒迂迴，嘟嘟車急促的喇叭聲不時在耳邊響起，黑色的人影從車門兩側縫隙被沖離。我不知道敏竹要帶我去哪裡，我感到有些不安。但是，我只能相信眼前這個還認識不到半個小時的 Auto Driver ——敏竹。除此之外，別無選擇。

黎明的前夕最黑暗

敏竹帶著我在昏暗的門迪街頭蜿蜒迂迴。

夜裡我做了一個夢，夢到我回到台灣。我在單車店裡，坐在小板凳上，右腳裹著厚重的石膏，正在幫客人修理單車。

我們又坐上嘟嘟車，在昏暗的市街上來回穿梭，幾次無功而返，隨後來到一間稍有規模的醫院，嘟嘟車蠻橫地橫插在醫院門口。我們坐在大廳的椅子上等待，身後是醫生看診的診療室，填寫完資料後，沒多久我被扶進了診療室。

醫生舉起了我的右腳簡單巡視了一番，用印度語向敏竹交代了一些事，然後敏竹再扶著我到醫院外頭，另一棟建築物的 X-ray 室。途中有

95

一個如同大象溜滑梯般拔地而起的大斜坡，敏竹蹲下身將手臂反手放在腰的兩側，示意要背我上去，我說不用，扶著我就可以了。

跳進 X-ray 室後，我被好幾個人用白鐵的擔架扛上了診療台，右腳踝被醫療人員無情地翻正翻右再拍照。X-ray 費用是一百二十盧比，然後我收到了一張字跡相當潦草的手寫收據；如果上面沒有註明一百二十盧比，我想我一輩子也看不懂，這張收據是做什麼用的。

醫療人員說我的情況至少要住院兩個禮拜，費用大概會在五千盧比左右。接過了 X 光片，我卻有種放心的錯覺，至少對現在的狀況從一無所知，到有那麼一點瞭解到底故事會如何發展下去。

回到醫院後，醫生對著昏暗的日光桌燈仔細檢查我的 X 光片，隨後不動聲色地宣告我必須住院。我卻沒有任何一點點的震驚，好像這一切早就決定好似的。

在等待分配病床時，海外急難救助中心的小姐也撥了越洋電話過來。她需要我所在的醫院名稱、電話、主治醫師的名字、房間號碼以及床位號碼，才能跟我的主治醫生聯繫，以了解我的醫療狀況，協商接下來的後送。我也搞不清楚自己身在何處，於是我把手機直接拿給敏竹，請他去找會說英文的人來接聽。

好不容易找到一位年輕人薩提斯（Satish），結果他說的英文，救助中心的小姐一個字也聽不懂。雖然我現在因為巨大的疼痛而面目猙獰，但是一想到小姐隔著越洋電話那一端眉頭深鎖苦惱的表情，我在心中卻忍不住笑場了。後來同病房的潘代（Panday）說：「Indian have English problem.」

我想最令人洩氣的，並不是找不到一個會說英文的印度人，而是好不容易抓到了一個會說英文的印度人，結果他說的話，沒一個字你聽得懂的。就像長途跋涉、千辛萬苦地找到一間位於荒郊野嶺的廁所，結果卻連一張衛生紙都沒有般地令人感到難過。

人生最大的痛苦莫過於此。

時間已經接近晚上十點鐘，敏竹用輪椅把我推進了靜悄悄的漆黑病房。除了病床上的病患已經在呼呼大睡外，地板上還恣意躺了許多人，只剩窄窄的走道能通行。

「為什麼要睡在地上？他們在等病床嗎？」一邊左彎右拐，小心翼翼地經過躺在地上的人們時，我的心中充滿了十萬個為什麼。直到第二天我才知道，睡在

地上的這些人都是病患的家屬。

敏竹把我拖上了病床，並把雜亂的行李都移到我的病床邊，莎莉斜靠在牆壁上，就在我的視線範圍內。我給了敏竹二百盧比，感謝他替我所做的一切，離開前他說：「有什麼需要儘管打電話給他。」然後我依依不捨地目送他離開。

夜裡，尿意襲擊而來，我吃力地挺起上半身環顧著病房。靜悄悄的病房裡頭，只剩微弱的呼吸聲。轉過頭去，瞥見身後的另一間病房，剛好有警衛在巡邏，我伸直了右手用力揮舞，希望他能注意到我。

我不敢喊出聲，深怕吵醒其他呼呼大睡的家屬及病患。只可惜他沒注意到我，我癡癡地望著他小心翼翼地將病房的門闔上。我的內心浮現了電影《浩劫重生》裡，湯姆漢克斯對著遠方的商船，像發了瘋似的呼喊求救，又急又跳，而船卻越行越遠的那一幕。我的內心充滿了失落感及無力感。

在我還沉浸在「早知道剛剛就該出聲喊他了！」的懊悔時，厚重的病房門又被打開，這次換我們的病房角落出現了微弱的走廊燈光；穿著卡其色制服、戴著小扁帽的警衛走進了我們的病房巡視。我趕緊揮舞著右手，幸好這次他終於發現我了，我指著他背後的輪椅，請他推我去外頭走廊的廁所。

即使是廁所門口到小便斗不到五步的腳程，我卻跳得非常痛苦，彷彿是這世界上最漫長、最遙遠的距離。我必須右手拄著拐杖，左腳著地起身離開輪椅，然後用左手抓著小便斗的隔板，用頭頂著牆壁保持平衡。我的右腳沒辦法出力彎曲，只能勉強讓它懸空，至少離地面有些距離。

我因巨大的疼痛，在夜裡驚醒好幾次而汗流浹背。我先用電腦背包撐在右腳下，然後又翻出了睡袋墊著。不管我怎麼調整姿勢角度，躺著、趴著、側睡，左翻右躺都沒有用，痛苦依舊，一直折騰到凌晨兩、三點。

每一個翻身的小動作，都讓我感到痛苦萬分，我必須屏住呼吸，來重複這些我剛剛才換過的姿勢。隔壁病床的人因我稀稀疏疏的聲音而醒來，用面無表情的目光看著我；最後我脫下了長褲，捲在右小腿上固定，然後再用睡袋包在長褲外，勉強睡去。

你說：「黎明的前夕最黑暗。」

但是對現在的我而言，這是一個漫長無止盡，彷彿永遠都不會有黎明到來的夜晚。

漫漫回家路

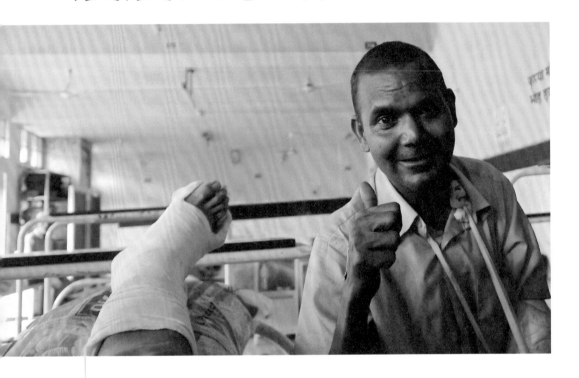

早上不到六點鐘，我就沒了睡意，自動地睜開了眼睛，木然地觀察眼前的一切，試圖讓自己不安的心情能稍微平復。

清晨的陽光灑落，老舊的電風扇葉在乳白色的天花板吃力地旋轉，發出嘎、嘎、嘎的聲響。昨晚在地上鋪著地毯睡覺的家屬們在我起床時，早已收拾得差不多了。一覺醒來，怎麼覺得跟昨晚剛搬進來時，感覺差非常多，有點認不出來。

我的右邊躺了一個年輕人艾瑪魯（Amar）二十八歲，蓄鬍的關係看起來比實際年齡大很多，會些簡單的英文，所以溝通上不是太大的問題。由身材瘦長、臉上皺紋深邃的父親充當他的看護，照顧他的生活起

居。艾瑪魯是個大型車司機，因在騎摩托車時跟汽車發生對撞，而受傷住院。

　　早上的寒暄問暖從交換 X 光片開始，他的右腳小腿是相當嚴重地粉碎性骨折，不但鑲了一隻鐵板，還打了好幾隻鋼釘在裡面，他的 X 光片看起來滿目瘡痍。跟他比起來我的傷勢簡直是小巫見大巫。我的心情平復了許多，同是淪落天涯，至少我不是孤單一個人。

　　離九點醫師問診還有三個小時，右腳的痛楚讓掛在牆上的時鐘指針走得更加緩慢，比未婚妻的等待還漫長。我煩惱著右腳裹了石膏後要怎麼抓癢，還有要怎麼去廁所上大號，這兩個很無聊的問題外，一邊思考接下來該怎麼走下去。

　　艾瑪魯說：「政府醫院的辦事效率非常差。」要我到十公里外的私人醫院去接受更好的治療。我想到了昨天的敏竹，或許我可以打電話請他載我去私人醫院。儘管其他病床的人，聽到我說敏竹從巴士站載我到醫院收了兩百盧比這件事感到不可思議，要我不能再找他——但我還是選擇相信敏竹，畢竟他在我最彷徨無助時，幫了我一把。

　　去私人醫院這件事很快地被艾瑪魯自己給否決了，他口中的那間私人醫院要禮拜五才有營業，我的腳痛得要命，根本沒辦法等到兩天後再上石膏固定。

艾瑪魯說：「No option.」我必須留在這裡了，別無選擇。

住院的事情確定了，那接下來我該何去何從？經歷了昨天一整晚的孤立無援，我感到身心俱疲，現在的我真的好想回家，不想等到一個月後再回去。

另外一個提案是先固定好受傷的右腳，休息一個禮拜後，就從門迪坐巴士到新德里，再花一大筆錢買一張新的機票直接回台灣；至於怎麼去坐巴士這件事，我想敏竹會幫我打理好一切。

重買機票讓我這趟旅程的花費遠遠超過預期，腳的傷都還沒有包紮好，我就在想回台灣後是否可以提早回車店上班，這樣可以多少貼補一些這趟旅行的開銷。

醫生終於在九點多出現，醫生沒穿白色的長袍，而是穿藍格子襯衫跟牛仔褲，跟我想像的印度醫生形象有些不同。他問我會不會說印度話，我在心裡苦笑，如果我會說印度話，那我就不會那麼無所適從。

隔壁床的艾瑪魯幫我回答：「Only English.」

於是醫生改用英文問我是怎麼發生意外的？我老實告訴他，是從巴士頂上摔下來的。

醫生看了看我的右腳踝，然後轉頭跟旁邊護士還有其他病床的家屬用印度話交待了一些事情，並寫了一張小紙條交給艾瑪魯。後來艾瑪魯跟我要了三十盧比，並將紙條交給鄰床潘代的哥哥亞達夫（Yadav），請他去採買我需要的藥品：包括一盒的止痛劑、消炎劑，以及醫療貼布。

問診完後，艾瑪魯的爸爸和亞達夫扶我上了輪椅，並推到醫院外面的 X-ray 室。他們吃力地推著我上下斜坡，或抬起輪椅越過顛簸不平整的路面，看著他們步履蹣跚的樣子，我感到相當過意不去。我試著用雙手幫忙推輪子，以減輕他們的負擔；但反而讓他們更不好施力推我往前，最後我只好什麼事都不做像槁木般呆坐著。這次我被送進了 Red Cross 的 X-Ray 室，我在裡面一排四人座長椅枯等著。

房間的正中間是一個讓病人橫躺在上面拍 X 光片的平台，牆壁上掛著胸部 X 光檢查的儀器。彼此沒有任何的隔間，枯坐在椅子上的我，可以看到其他病患

在拍 X 光片的身影跟表情。沒多久換我躺上了平台供人參觀，然後我痛苦的右腳踝，又被無情地翻弄。

下午三點多，負責包紮的醫生終於來了，浩浩蕩蕩地帶了一大把的繃帶、幾包袋裝的石灰粉，還有一個塑膠水桶。他先看過我的 X 光片，確認等一下該怎麼處理，然後叫來幾個其他病床的家屬幫忙，有的負責抬腳；有的去提水；有的則是剪開石灰粉的包裝，倒入水桶中攪拌。

醫生先抬起我完好如初的左腳測量底板的長度，然後抓起我的右腳抵住他的胸口，開始拉、扯、推、扭、轉，試圖讓我斷裂的脛骨回到正常的位子；整個過程不到五分鐘，但我現在想起來還是會頭皮發麻，渾身不對勁。我的雙手緊抓著病床的板子，身子挺直了，脖子不自覺往後仰。後半段實在太痛了，我忍不住笑出聲來，一旁的艾瑪魯噓聲示意我安靜。我用餘光瞄了醫生一眼，他也對著我莞爾一笑，繼續扭轉乾坤。包好繃帶後，我鬆了一口氣，感覺整個人都要虛脫了。

稍早，我提供了醫院名稱、病房及床位號碼給海外急難救助中心（簡稱 SOS ），隨後他們也透過在新德里的同仁聯繫到我的主治醫生，並在第一時間掌握到我的醫療狀況。他們會替我安排後送回台灣的相關事宜，包括從門迪醫院轉送到新德里的接駁，我只需要在這裡先休養個幾天，等待確定日期下來。

在這之前，我必須先準備能證明我出國時間沒有超過一百八十天的相關文件，他們才能展開後續的作業。幸好我隨身都會帶著幾份護照影本、簽證影本和電子機票收據，連搭飛機的登機證我都有留下來。

我的心情雀躍不已，即使快一秒也好，我也想儘早把這些資料呈報上去。我離開病床，站起身想翻找藏在背包深處的複印資料。

右腳才剛著地，下一秒就從腳底傳來像是被電到的劇烈疼痛，我就像沒有骨頭的章魚一樣，直接癱倒在地上。其他人見狀趕緊衝上來扶我回病床。

事後，潘代說：「You, cycling, bus accident. First, in bus. Second in hospital.」你，騎單車，但是發生巴士意外。騎單車都沒事，第一次受傷卻是因為坐巴士，第二次則是在醫院。

番薯你好嗎

後來我聽艾瑪魯說才知道：這裡是門迪政府醫院；除了一些藥品，以及生活輔助品外，醫療費用是完全免費的，而且還供應一天三餐。除醫療行為外，病人的生活瑣事都是由同病房的家屬互相扶持幫忙，儼然就像個大家庭，彼此都是兄弟姐妹。

住院的這幾天，倒也沒發生什麼特別的事情，除了吃飯就是在等吃飯。感覺自己好像又回到軍旅生活，在數饅頭等退伍的日子到來，早上六點不到就起床；晚上十點不到就睡覺，生活作息非常規律。

一早隔壁床的艾瑪魯都會用手機擴音大聲放著印度音樂的起床歌，所以我也會在六點不到自動睜開眼睛迎接一天的到來。潛移默化的結

果，後來我轉到新德里的醫院後，還是會不時在耳邊響起那些印度音階的旋律；有一句歌詞我印象最深刻，是在唱什麼「爸爸基」、「媽媽基」的，副歌重複時，我也會跟著唱「什麼什麼爸爸基，什麼什麼媽媽基。」

大部分的時候，我都在望著乳白色的天花板發呆。一整天最開心莫過於吃飯時間，聽到走廊上有人大喊：「吃飯了！」

早餐固定在八點半左右發放，四片土司夾著一小塊奶油、一顆水煮蛋和一杯熱牛奶。雖然菜色總一成不變，但我還是每天引頸期待吃飯時間的到來。中餐吃米飯，菜色不是燉煮花豆就是燉馬鈴薯；盤子的尺寸比我的臉還大，每一餐至少都是五、六碗飯以上的分量，一頓飯吃下來我都要中場休息好幾次。

幾年前縱斷日本時買的高級 Mont-Bell 帳篷，心酸地背了快兩個禮拜都沒用到，只有住院的前兩晚拿來當枕頭，後來買了真的枕頭後，帳篷就拿來墊在右腳下，厚度跟長度都剛剛好。我必須伸直右腳放在枕頭上墊高以利血液循環，我只能坐在病床上彎著腰低頭吃飯，吃個飯很痛苦搞得我好像在瑜珈還是皮拉提斯什麼的。

有一晚我又把世仇的綠豆湯剩了下來，亞達夫經過看到就叫我把湯喝完。畢竟都是他在照顧我的生活起居，幫我去把飯菜端來，吃完再幫我把盤子拿到外面的走廊洗乾淨；我不敢違背他的意思，只好硬著頭皮發麻，把整碗湯喝完。

每一餐至少都是五、六碗飯以上的分量。

印度人常用的問候語「ㄏㄢˇㄐㄧˇ」，乍聽下有點像番薯的台語發音。醫生問診時，第一句一定會説「ㄏㄢˇㄐㄧˇ」；親朋好友來探望病人，見面也要説「ㄏㄢˇㄐㄧˇ」；有人叫你也是用「ㄏㄢˇㄐㄧˇ」轉頭回應；電話接起來也説「ㄏㄢˇㄐㄧˇ」，所以整個病房都是番薯來番薯去的，這是我住院六天以來唯一學會的印度單字。印度人碰面很喜歡握手，小便完要洗手這件事，在印度一定非常重要。

　　我們這一間外科病房，一共住了十個病患，每一個人都是骨折外傷，不是車禍造成，就是自己跌倒。手部骨折的雖有些不便，但生活大小事至少還能自理。但像我和艾瑪魯這種腳骨折動彈不得的，不管是大小便，還是吃飯喝水，都要有人從旁協助。

　　艾瑪魯的爸爸白天應該是去工作了，只有晚上才會來當看護，然後在醫院過一晚，隔天一早離開。我和艾瑪魯的生活起居幾乎都由潘代的哥哥亞達夫幫忙照顧，我有什麼需要艾瑪魯都會幫我召喚亞達夫來幫忙。

　　一開始，我還不習慣麻煩別人照顧，所以第一、二天都不敢喝水吃東西，深怕要上廁所時麻煩到別人。艾瑪魯問我為什麼不吃飯，我就善意地騙他説：「我前幾天拉肚子，所以吃東西要節制。」

　　我們這間病房只有一個輪椅，讓病房裡十個病患共用，有時輪椅還會被其他病房的人借走。想上廁所時我就會坐起來環顧四周找著輪椅的蹤跡，隔壁床的艾瑪魯看我東張西望的樣子，就會問我是不是要去廁所，然後用印度話叫了亞達夫來幫我，亞達夫不在就叫其他人來幫忙。

　　就算我想要亂動想自己走下床，他也會説：

　　「One minute.」要我乖乖坐好，別再自己逞強。

　　有一次，我趁著艾瑪魯在午睡，而亞達夫也不在時，拄著拐杖偷偷跳到走廊外面的廁所去。才二十公尺不到的距離，我跳得滿身大汗。我終於瞭解到：腳受了傷而行動不便的人有多麼辛苦。從廁所跳回來之後，我的右腳痛得受不了，好像快要掉下來似的，從此之後，我再也不敢偷偷跳去廁所。

　　醫院廁所的馬桶都是蹲式的，以我的情況根本沒辦法蹲著上。要怎麼上大號這件事，我在心裡頭苦惱了很久，後來我才知道，廁所裡有一張中間挖了洞的塑

膠椅，就架在蹲式馬桶上，自此我才敢放心吃醫院的供餐。

　　有一天我拿了一張五百盧比的鈔票給亞達夫，請他買一些百事回來，然後手指著自己、艾瑪魯、潘代和亞達夫說：「Four Pepsi.」。

　　左顧右盼，好不容易亞達夫回來了，結果他只抱回了一袋用報紙包著的香蕉。我非常失望的問他：「怎麼只有香蕉，百事呢？」亞達夫一頭霧水，聽不懂我在講啥，皺著眉轉過頭問艾瑪魯，我到底要幹嘛。

　　我又做了一次剛剛的動作，手指著自己、艾瑪魯、潘代和亞達夫說：「Four Pepsi.」

　　艾瑪魯聽懂了，翻譯給亞達夫聽，我終於拿到肖想很久的百事可樂。之後我只要嘴饞想喝百事，我都會請亞達夫一次買四瓶。

　　話說，印度的冰棒都很小一隻，只有台灣冰棒的一半大小，也因此價錢較低廉，如此一來印度的每一個人都買得起。一隻巧克力脆皮雪糕是二十盧比，相當於台幣十塊錢。看著小巧玲瓏的小雪糕，我想起了小時侯只有賣五塊錢，裡頭還附玩具的五香乖乖。但是現在物價上漲，迷你版乖乖已經買不到了。

　　只能説瑞凡，我們回不去了。

傻傻分不清楚

死氣沉沉的病房，變得熱鬧非凡。

意外發生的太突然了，要買回去的紀念品都沒有準備，一天晚上我問艾瑪魯的爸爸會不會來，我想請他推我去街上買喀什米爾羊毛；有當地人陪著，至少不用擔心當肥羊了。艾瑪魯和同病房的幾個人，七嘴八舌討論著我要買喀什米爾羊毛這件事，他們說市集裡買得到，但那裡都是階梯，我這樣子沒辦法過去，最重要的是需要醫師的准許，我才能離開醫院。最後他們只好安慰我說：「Maybe Someday.」要我下次再來買吧！

艾瑪魯有一個八歲大的兒子，住院前兩天還有看過他一次。他對我的莎莉非常有興趣，總是會不時溫柔地盯著她看，或是用指尖輕輕地撫摸著。艾瑪魯的爸爸見狀就笑著說，要把他的寶貝孫子送給我一起帶回台灣去，還作勢硬要推給我。後來艾瑪魯說想跟我買這台莎莉送給他兒子，只可惜這台車是非賣品，是我親手打造的旅行車，她陪我走過絲路、青藏、印度，還和我一起被送進門迪的醫院，是獨一無二的夥伴。

早上八點在醫生巡房之前會有清潔人員做清掃，然後倒消毒水拖地。雖然每天看他掃得很賣力，但不知為何，隔天還是掃出很多粉塵跟莫名其妙的垃圾，某方面來說，能掃出這麼多東西，應該很有成就感吧！

病房清潔完後，會有兩個身材壯碩，穿著土黃色卡其制服，戴著小扁帽的警衛巡邏。醫院的警衛都很有威嚴，看到病患家屬占了空的病床聊天睡覺，還會很嚴厲的出聲制止。就算是十幾個家屬聚在一起喧嘩，也會乖乖聽話，吭都不吭一聲，連不悅的表情都不敢有，這一點讓我非常訝異，沒想到印度人民還蠻認命安分守己的。

醫生總是在十點前出現在我的病床前，還會有好幾個年紀較長，大約三、四十歲的護士隨同，陣仗很大。我的狀況相對穩定，與醫生的對話通常止於國一英文課本教的那樣：「How are you doing？Fine, thank you.」非常乾脆俐落，不知道在醫生眼裡，我是不是一個很乖的病人。

替病人量測體溫、血壓、脈搏數的工作，由還在唸書的實習學生負責，通常一次出現都是二、三個，一人負責一個項目。這裡量體溫還是用溫度計夾腋下的傳統方式；量脈搏則是女學生親手按在你的左手腕骨處，心裡默算脈搏數。如果被其他人打擾忘記算到哪了，還要重新再來一次，每次量的時間都不超過三十秒，再回推每分鐘的心跳數。

我應該是醫院裡唯一的外國人，對這些實習的女學生來說相當稀奇有趣。有一次，幾個小女生背對著我圍成一圈，竊竊私語不知道在說什麼，然後其中一個人就突然走過來問我：「喜不喜歡ㄍㄋㄅㄧˋ」

我第一個聯想到是帶領著印度人，以不配合的方式脫離英國獨立的印度國父——甘地。我接著說：「甘地阿！我知道阿，印度的國父嘛，我喜歡他。」結果她就伸出了手，給了我兩顆糖，然後又轉回去跟其他人交頭接耳繼續說了些什麼，一群小女生在掩著嘴偷笑。

　　她們走了之後，我花了很多時間，一直想不通「甘地」跟「糖果」到底有什麼關係。最後我才恍然大悟，原來她是在問我喜不喜歡「Candy」。我在心中苦惱著，該不會她們是在笑我，問我喜不喜歡「糖果」，結果我卻跟她扯什麼印度的國父，一想到此，我就羞愧地好想找一個洞，把自己的頭埋起來。

　　經由艾瑪魯的大肆宣傳，整個病房的病人、家屬，還有實習的女學生，都知道我來自台灣，打算騎單車一路到拉達克去，但是在里康皮歐往門迪的巴士途中，因為拿行李跌倒受傷，所以送來這裡住院。每次在病房裡，遠遠聽到幾個關鍵字，像是：「Taiwan, Cycling, Bus,」我就可以猜到又多一個人，知道這裡住了一個騎單車旅行，但是坐巴士跌倒受傷的台灣人。

　　到了我要離開的前兩天，關於我的即時動態：「一個新德里來的醫生，特地搭飛機到昌迪加爾的機場，然後再坐七個小時的車到門迪來接我去新德里」的這件事，艾瑪魯也非常盡責地替我用印度文向其他人更新完畢。

　　潘代跟亞達夫比我早兩天離開醫院，臨走前他們給了我一張名片，要我再來北印度時，一定要去庫爾盧 （Kullu）找他們。雖然無法用英文與亞達夫溝通，大部分時候，他都是靜靜坐在我的床邊陪伴，幾天下來也沒講多少話。但是看著亞達夫背著大包小包要走了的身影，還是讓我感到難過及依依不捨。

　　星期六、日的門迪醫院顯得格外冷清，好幾個病人辦出院了，連探望或陪同的家屬也少了好多。艾瑪魯的爸爸好幾天沒出現，只留行動不便的艾瑪魯一個人在醫院，亞達夫走了之後則改由其他家屬協助我和艾瑪魯的生活起居。

　　要不是我已經在這裡住了好幾天了，一般人應該很難想像：「把病患一個人留在醫院裡，放心地交給其他家屬照顧」這件事，然而這樣互助的方式，卻在喜馬拉雅山下的一間小醫院真實上演。我想起了第一天醫生跟我提到：有什麼需要就跟其他病患家屬說，在這裡大家都是兄弟姐妹。

我對面的病床是一個因跌倒而摔斷手大約十歲的小男孩，他的父母親這幾天也都不在，偶爾有家人來看他，但是沒多久又會離開。吃飯時間到了，就由隔壁床的太太照顧，有一天他在夜裡低聲啜泣，喊著要找媽媽，於是隔壁床的太太便抱著他哄著睡覺。這種「幼無幼以及人之幼」的精神，我在印度這裡親眼見到。

　　禮拜天下午來了一個年紀很小，大約只有四、五歲也是跌倒受傷的小男孩。她的媽媽給我們看 X 光片，分開的小腿骨呈現大 V 字形；怵目驚心的樣子，看得我都覺得自己的右腳好像都不會痛了。

　　剛送到醫院時，小男孩的傷勢很嚴重，稍微動一下就痛得受不了，哭得非常厲害。對面病床「母不疼，爹不愛」只有一個人住院的小男孩也剛好深鎖著眉在打針，就順便加入哭天搶地冠軍寶座奪還戰，頓時死氣沉沉了好幾天的病房，一時之間變得熱鬧非凡。

.... 自己的紗布自己折。

Maybe Someday

我一共在門迪的政府醫院住了六天，五月五日一早來自新德里的醫生米歇爾（Michiel）接我下山。我們先坐了七個小時的車，抵達一百七十公里外的昌迪加爾機場轉搭往新德里的班機，然後再送到新德里規模非常大的 Max 私人醫院。

在 Max 醫院住了三天，除了抽血檢查外，還幫我重新固定受傷的右腳踝，減少在轉送的過程中造成二度傷害。五月七日晚上十點多，台灣來的護士菁菁姐也終於抵達我的病房，這是我受傷十天來，唯一能說家鄉話的台灣人。我才驚覺能聽懂別人在說什麼，能清楚表達自己的想

法給對方，是多麼令人感動的一件事；尤其適逢意外，一個人在異鄉孤立無援的窘境。

隔天晚上十一點，我坐上了飛往台灣的班機，清晨在香港機場轉機。我一直以為我的傷勢沒有很嚴重，可以直接送回家裡，休養一段時間後又可以活蹦亂跳。結果，菁菁姐看了我的 X 光片後，斬釘截鐵地說：

「哎呦！你這個回去，一定要開刀住院，而且還斷了兩個地方，沒兩、三個月休養，是沒辦法走路的。」

我頓時感到全身癱軟，心中浮現出《吶喊》的畫面。

一下放到台灣，我就被送到新店慈濟醫院掛急診，接著馬上辦住院，隔天一早被推進手術房。手術完麻醉藥退去後，我在病床上痛苦地滾了兩天，比第一天摔斷腿還要痛。麻醉藥還沒退的時候，我還以為我無敵了勒！不管我用什麼姿勢躺著，都讓我痛到想直接去撞牆，這樣一來我可以分散右腳踝的注意力。我感覺到自己的心跳顫動都在右腳踝上，可憐的是我連兩步距離的牆壁都無法起身走過去。連病床的調整頭、腳、腰高度的按鍵，都快被我來回按到壞掉。必須每隔六個小時打一次止痛針，術後的四十八小時內，我幾乎呈現微弱意識的狀態，幸好第三天以後，我就能下床走動，或用拐杖步行繞著走廊做復健。

因為很多人的幫忙，才能讓我順利回到台灣，嘟嘟車司機的敏竹、門迪醫院的艾瑪魯、潘代，和亞達夫，還有其他我忘了記名字，但是有幫助過我的其他病患家屬，因為你們無私的付出，讓我身處異鄉，卻如同在家鄉般的溫暖；感謝南山人壽及 SOS 急難救助中心的各位同仁安排轉送事宜，還有護送我到新德里的米歇爾醫師，以及特地從台灣飛到新德里護送我回來的菁菁姐。光是要我坐巴士顛簸四、五百公里回到新德里，然後推著大包小包的行李再跳進機場過海關，一想到這些流程，我的老命就要去了半條；感謝新德里 Max 醫院、新店慈濟每一位醫療同仁及住院期間照顧我生活起居的家人、親朋好友——要謝的人太多了，那就謝天吧！

離開門迪醫院時，我幫病房的每一個人照了相，唯獨艾瑪魯沒有。我轉過頭笑著跟艾瑪魯說：「No Photo.」

　　因為，分離不代表結束。有朝一日我會再回到這裡，繼續未完的旅程。這次打算順騎拉達克，起點是斯里納加爾，經列城、馬納里，抵達終點門迪，接著艾瑪魯要騎摩托車帶我偷渡進入斯皮蒂谷。

　　讓我們一起期待那一天的到來，Maybe Someday ！

我與艾瑪魯。

2015
ICELAND

華姆斯唐吉

黛提瀑布

米湖

塞濟斯菲厄澤

九三九線道

都皮沃古爾

史卡法特國家公園

蘭德曼納勞卡

赫本

奧爾塔湖

凱夫拉維克
國際機場

雷克雅維克

塞爾福斯

塞里雅蘭瀑布

斯科加爾瀑布

CHAPTER. 3

冰島　環島

Ring Road, ICELAND

雷克雅維克　→　雷克雅維克
Reykjavík　　　　Reykjavík

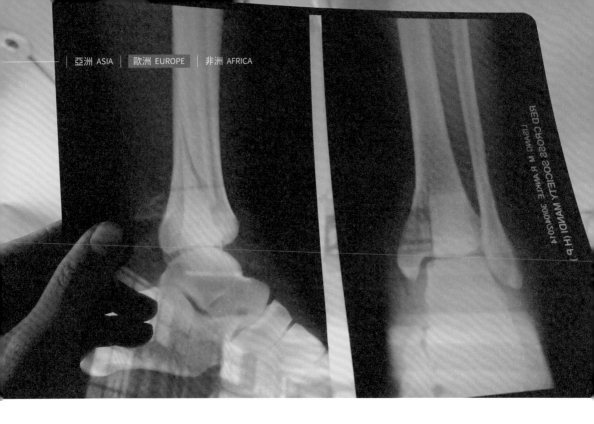

第一百八十天

2015
九月 SEPTEMBER

冰島 ICELAND

EXCHANGE RATE
匯率 0.26

　　距離上次被推進冷冰冰的手術房，荏苒時光已過了半年。

　　我再度躺在病床上，被送進了手術房進行「摘除內固定」手術，也就是俗話說的拔鋼釘。我的右腳踝一共鑲了九根鋼釘，還有一片長達五、六公分鐵板，其中一隻最長的鋼釘至少有四公分長，正中紅心地打進了右腳踝的左側骨頭。看過滿目瘡痍的 X

光片，我才驚覺從巴士頂上這輕輕的一摔，竟造成如此嚴重後果。一想到此，我不禁感到自己的生命是如此的脆弱，猶如一隻枯槁的樹枝般容易被折斷，在冷酷無情的大自然考驗下，是這樣的殘破不堪。

雖然主治醫生黃主任說，即使不取出內固定的鋼釘也能正常走路，生活起居也無大礙，不必多挨這一刀；但是未來我還有很多事想做，包括明年的旅行、二二六超級三項鐵人，以及往後幾年內一定要完成的縱斷美洲三萬公里之行。

聽到我嘴裡吐出來的計畫，黃主任馬上改口說：「那這樣一定要拔鋼釘了！」他說視骨頭癒合的情況，至少要半年到一年的復原時間，才能取出內固定的鋼釘。

我準時回到醫院複診，在剛好滿一百八十天的這一天又被推進了手術室。一刻也不容遲緩，彷彿挨了這一刀後，我的人生將重新開始，身體跟心靈都將恢復自由。

一直以為手術會在下午進行，至少我有好幾個小時可以做好心理準備；沒想到早上一辦完住院手續，簡單量好身高、體重、血壓、心跳數後，就要換上手術服，直接送到開刀房。我的緊張、不安、興奮交雜，來不及被沉澱，就跟著無助的我一起被推了進去。

手術房裡的醫生、護理師們一派輕鬆好整以暇地準備開刀事宜，一邊談笑風聲，一邊講著我完全聽不懂的專業術語，討論接下來的手術內容，還有下午「那一台」要做什麼。突然間我有種錯覺，感覺自己很像是被外星人綁架到太空船裡的地球人，即將進行什麼不為人知的人體實驗。我如同新生兒般側身蜷曲在手術台上，膝蓋緊貼著胸口，身後的醫生用戴著橡膠手套的手指，確認著我背部脊椎上的某一個關節處。

酒精消毒的冰涼感；麻醉針輕微的刺痛感，我感覺到熟悉的噁心反胃頻吐一湧而上，即使我自凌晨十二點起，已有整整十一小時沒有吃過任何東西——那是麻醉針的副作用。同時間我感到暈眩，頭痛欲裂，就像躺在一個巨大的陀螺之上。

一旁的麻醉師輕聲喚我，問我皺著眉頭是不是哪裡不舒服。她替我打了一隻鎮定劑，說這樣會舒服一點比較好睡。然而鎮定劑似乎沒起什麼太大的效果，我一直保持微弱的意識直到手術結束。手術室裡的時間過得相當緩慢，就好像凍結住似的，聽見鋼釘叮叮咚咚掉落在鐵盤的聲音，我知道這一刻起，我又度過了一次難關，離下一個夢想更進一步。

楔子。白日夢冒險

　　○一四年五月我帶著莎莉及滿滿的裝備隻身前往印度旅行，打算沿著喜馬拉雅山脈北進，經拉達克的最大城市──列城，最後在喀什米爾的斯里納加爾結束旅程；這段路因為沿路風景壯麗而被世界各地的車友號稱天堂之路，甚至在寶萊塢暢銷電影《三個傻瓜》場景中也曾出現過。

　　無奈因簽證問題[5]，只好在中印邊境的里康皮歐搭巴士轉進，卻為了扛單車下巴士，而從一層樓高的巴士頂上摔下來。我將近有三個月時間無法自行走路，生活無法自理，必須由身邊的親朋好友照顧；休養的第二個月，我就開始回到車店工作，每天都要從公寓五樓跳到一樓，晚

上下班後再跳回五樓家裡。那時的我必須一邊拄著拐杖一邊替車友介紹車子，或是坐在小板凳上幫車友修車。

在這些動彈不得的日子以來，我迷上了一部電影《白日夢冒險王》，這是一部描寫一個平凡上班族，在面臨公司被併購、裁員之際，因一張失落的「二十五號底片」，而展開一場發現自我的華麗冒險。

說來奇怪，第一次看這部片是在二〇一四年年初，那時的我並沒有太大的感觸。我想當時的我是自由的，不管心靈跟身體皆是，導演想向觀眾表達「突破自己，實踐自我」的意念，無法在我的心中激起一點點的漣漪。畢竟，自從二〇〇七年環北海道追尋自我旅行以來，我一直走在完成自我的道路上。

從新德里回台灣的班機上，我躺在商務艙的座位上，又將這部片看了一次；在休養的這段時間裡，我常常有意無意地想起電影的片段，想起了華特‧米堤（Walter Mitty）衝出辦公室奔往格陵蘭的畫面。

華特在冰島遼闊的公路上騎著單車追逐的鏡頭，不斷地在我腦海裡倒帶流轉，我彷彿「聽見」了黑白照片裡的尚恩‧歐康諾（Sean O' Connell）正在向我招手；那是魂牽夢縈，揮之不去，逐漸地刻劃在腦海裡，由邊緣模糊轉而漸漸清晰的映像。雖然看不清楚面貌，但我知道那是來自一座孤島的呼喚。

我才深深的明白，原來生活是有很多的無奈，是有很多事情必須去妥協的。拄著拐杖望著那些在台北街頭快步經過十字路口，提著公事包穿著西裝打領帶表情匆忙的年輕人，我不禁在想這些擦肩而過的陌生人，是否有著跟我不同緣由，但同樣對生活的無奈。

有時我會忘了「腳摔斷了」這件事，就像截肢後的病患，認為身體失去的一部分還隱隱作痛。突然想到什麼似的跟身邊的朋友提到下個月想去單車環島。正說得興高采烈時，我才驚覺自己的處境，原來現在的我舉步維艱，哪裡都去不了。

我需要一些慰藉，讓思緒暫時離開身體的苦痛。

這一段時間，我閱讀了一些關於冒險旅行的著作：Jack London 的《野性的呼喚》（The Call Of The Wild）、Jon Krakauer 的《阿拉斯加之死》（Into The Wild）、《聖母峰之死》（Into Thin Air）、植村直己的《極北直驅》、高銘和的《九死一生》、《一座山的勇氣》，以及《荒野之冬》、《孤帆獨航繞地球》、《牧羊少年奇幻之旅》、《69°N51°W》、《到不了的地方》、《跋涉：西藏逆旅》、《無疆的騎路》、《騎單車，橫越美國》、《單車環島練習曲》、《島內出走》……到後來，我發現自己還是沒辦法忽視：忽視那個來自孤島的呼喚。

幾番掙扎後，我上網訂了這部電影的藍光 DVD，用家裡的播放器反覆播放。我感覺到內心深處，有一個不知名的種子正偷偷地在寄生。

七月底兩位朋友剛從冰島單車旅行回來，捎來了一個裡頭裝滿了冰島火山岩的小瓶子，手裡拿著他們為我帶回來的冰島地圖，聆聽著他們洋洋灑灑的旅行故事。情感上有一些激動，但是心裡頭卻像浮出水面般，出現了其他反對質疑的聲音，以至於往後的幾天，我必須跟自己內心好幾個不同的聲音相處。我像是一個旁觀者，雙手環胸地聽著他們爭論著，明年該不該去冰島騎車這件事。

「十五萬耶！不是一筆小錢……印度行的預算，也才不過五萬……」

「三十而立，是不是該多留一些錢在身上以備不時之需，不能再像年少輕狂時那樣義無反顧孤注一擲。」

「錢不是問題，總會有辦法的……」

「才怪，錢才是唯一問題。」

「……」

「兄弟，我想到了一件很重要的事情。」我抬起頭，仔細聽著接下來的話語，心情就像在一片黑暗之中看見了曙光，找到了迷失已久的方向。

「我們不是一直很想藉著縱斷美洲時，同時完成育空漂流及追逐極光這兩件事嗎？」

「所以？」

「聽好了！」這個滔滔不絕的聲音，露出一副很不耐煩的表情。

「你們想，阿拉斯加的夏天是永晝，是沒有夜晚的，極光要在冬天才有機會

看得到；但是育空漂流卻只有夏天才有，這兩件事情從頭到尾，就根本不可能同時間完成。」

「除非，去兩次阿拉斯加。」

「但是我們絕對不會考慮這件事，我們必須在有限的生命裡，有限的預算下完成更多事情。」

「所以，我們可以明年先去冰島追逐極光，之後再去阿拉斯加育空漂流；互不影響，兩全其美。」

（似乎有了些定案。）

「冰島的冬天都在 0 度以下，白天的時間非常的短，又是暴風雪的季節，要怎麼騎單車？」

「你忘了自己的生命是如此的脆弱嗎？」

「或者我們就選在八月下旬上路，這時天氣還不會太差，先騎車環完冰島，」另一個贊成的聲音越說越興奮，就像吹足了氣的氣球，開始膨脹。

「接著凜冬將至，我們就找一個沒有光害的地方，準備好補給慢慢等候極光的出現，十天的時間總看得到了吧！」

（沒錯，而且我一定會活著回來，我還有很多夢想等著去完成。）

「但是……但是……但是……但是……」

反對的聲音，似乎還想做一些最後的掙扎。

沒有但是，我已經決定了。

電影《三個傻瓜》說：All is well！

相信一切都會辦法的，而我們所要做的，只是順著心的方向前進，如此而已。

5　中印巴三國邊境一直有領土爭議，而印有 Republic Of China 的中華民國護照，在很多國家包含印度，政府機關都視台灣為中國的一部分，台灣人等同於中國人，例如肯亞甚至不發給台灣人簽證，只拿到一張如同從筆記本撕下來的 Visitor's Pass，有些人則是拿到一張貼有簽證的白紙。

哆啦Ａ夢的百寶袋

　　我最擔心的就是行李超重，出發前我總是神經兮兮地煩惱這件事情，好在經過一連串的調整，終於在八月二十三日凌晨坐上了自香港飛往德國法蘭克福的班機。飛機引擎發出的巨大轟隆隆聲，伴隨著從機艙四面八方傳來的劇烈震動，我引頸期盼的白日夢冒險即將啟程。

　　早在出發前一個多禮拜，兩台要帶去冰島的單車就已經被我大卸八塊裝到紙箱裡；考量到只騎過河濱車道的 Jessie 是第一次出國騎車，而且還是重裝旅行。她有可能「一試成主顧，欲罷卻不能」；也有可能「一朝去冰島，十年不出門。」於是我幫她準備了一台萬元不到的平把

公路車，甚至連防水馬鞍袋都沒買，打算到了冰島用 Bonus 小豬超市的黃色購物袋綁在後貨架上就上路了。我跟 Jessie 說：「先湊合著用，反正有什麼突發狀況我可以處理。騎出興趣了，下次出門前再換好一點的旅行車跟裝備。」就這樣 Jessie 被我騙上了坐往冰島的不歸路班機。

後來 Jessie 在路上說：「當時的我真的是好傻好天真！」

我跟 Jessie 各買了一個三十二公升的全防水背包，不僅去彩色山丘健行時可以使用；還可以綁在後貨架充當圓筒包；最重要的是這兩個背包在我的「搶救行李超重大作戰」占有舉足輕重的角色，少了背包我們勢必要付出一筆為數不小的超重費用。

我將單車上體積小重量重的零件像是：踏板、坐墊、坐管、龍頭、發電機、燈具及快拆都拆下來，裝入夾鏈袋後塞到背包裡；單車紙箱裡只放了單車本體，以及體積很大像是帳篷、睡袋、睡墊等露營裝備；當然號稱七大武器之首，可藏於居家民宅之中的防身大腳架，因為會讓飛機上機組人員感到生命財產受到威脅，也只能封箱托運不能手提。

直到今天，我才發現原來桃園機場有磅秤可供使用，在報到前最後一刻都還來得及調整托運行李。我很巧妙地將兩個大箱子各控制在二十三公斤，一絲一毫都沒有浪費到，也沒有被索取任何費用。除了兩個滿到胖嘟嘟的背包（安全帽、水壺還搖搖晃晃地吊在背包外），我們身上還掛了裝隨身物品的小腰包、一個相機包，手上則抱著電腦及 iPad。

為了將背包做最大利用，我們穿著厚重外套在八月夏末三十幾度的高溫下準備登機，一些像是襪子、頭巾、腿套、軟殼衣、手套等小衣物，則都塞到外套的口袋裡。光是身上這些衣物就將近三公斤了，看著一旁身形也是圓滾滾的 Jessie。一瞬間，我突然覺得我們很像小頭大身體的米其林輪胎人。

原本還很擔心塞滿滿的三十二公升登山背包會超過手提限制，結果是多操心了。基本上只要放得進座位上頭的行李艙就不成問題。托運很順利，讓我有些沾

沾自喜，然而裝滿單車零件的大背包卻讓我在過海關時，每次都被攔了下來——因為背包底部有一個可疑的金屬物品。

從台灣出關時，海關的阿 sir 看到我從大背包裡變出了坐墊、打氣筒還有鍋子，不禁會心一笑。還沒翻到底，就滿意地揮揮手讓我離開，沒留我太久；而從香港出關時，我又如預期地被招招手叫到旁邊，這次就算變出了平底鍋想緩和嚴肅的氣氛也沒輒，硬是要我從底部全部翻出來，一一攤在桌上才肯罷休——原來那個可疑的東西是該死的踏板。身邊經過的每一個外國人，看到我散落滿桌的露營裝備及單車零件，都不禁給我一個既同情又佩服的笑容，簡直比二十二世紀的哆啦A夢還厲害。幸好只是虛驚一場，後來學乖了，我就直接把踏板收到背包的頂端，這樣我就不用在眾目睽睽之下，又要翻箱倒櫃了。

從香港飛往德國法蘭克福，航程是十二個小時，德國時差晚台灣六個小時，抵達法蘭克福機場時才隔天早上六點而已。一上飛機，我就乾了一罐德國的黑啤酒，酒精濃度約五度而已，卻讓我整趟航程一直處於昏昏沉沉的狀態；再加上機身有時劇烈的搖晃，一度讓我反胃，差點失守噴了出來，這是我第一次坐飛機坐到想吐。

第一次在飛機上搭這麼長的時間，第一次離開亞洲旅行，更讓我輾轉難眠，只好呆呆地望著其他人的螢幕，跟著一起看電影。為什麼自己有螢幕不看，要看別人的呢？真是令人捉摸不透的個性。

法蘭克福機場的出入境在不同航廈，必須搭輕軌的接駁車，才能抵達我們要出境的第二航廈，而長榮航空與冰島航空沒有簽約，行李無法直掛，我們只能拖著厚重的行李到處跑。這裡的行李推車是要收費的，一次一歐元，而且推車還不能上輕軌，光是推車我們就租了兩次。

雖然我們已經提前與冰島航空確認單車托運一事，當時得到的回覆是：只要一人不超過二十三公斤，就不會另外收費。但是臨櫃報到時，兩台單車箱還是被收了一百二十四歐元，沒有算在個人的托運額度裡。心裡頭沒有任何掙扎地就拿出了卡片來刷，保持一顆愉悅的心情出來旅行比什麼都還重要。

光是出境德國就花了一個多小時，不禁讓我佩服德國人一板一眼的做事態度：每一個乘客都被仔仔細細地檢查，身體的每一部分都被摸透了；有嫌疑的旅客甚至被要求連鞋子都要脫下來過 X 光機。行李過 X 光機時，就連擺放的方式都很要求，不能全部堆在一起，一定要每一件行李都分開來放。光是我的部分就用了五個籃子，分門別類排好。

　　當然，我的萬能百寶袋又被一一挑出來檢查。幸好有疑慮的金屬部品都已放在背包的最上層，不用全部都倒出來；倒是我的相機包出了一點小問題，還被帶到了小房間約談。阿 sir 用一張長條形的試紙在我的包上劃了兩下，然後送進儀器裡檢查，他們沒查到想找的東西，才把我放了出來。

　　冰島時差晚德國兩小時，飛行時間是三個小時，下午兩點從德國出境，抵達冰島也才當地時間下午三點。轉了兩次機，發現各國的機組人員很不一樣，反應了不同地區的風情：亞洲人好辛苦，航程才一個小時半，連餐點都要發，飛機已經在下降了，還有人沒吃完餐點；德國很嚴謹，每一道檢查確確實實，行李該放腳下就放腳下，該繫安全帶就繫安全帶；冰島很隨性，連安全守則都沒有播放，當然也沒教你如何使用救生衣服，也沒檢查安全帶，載客率不到一半，但光發飲料就花了一個多小時。

　　冰島的時差晚台灣八小時，冰島下午三點等於台灣下午十一點，差不多要躺平就寢了，然而今天的行程卻還在現在進行式。

彩色山丘健行

彩色山丘健行。

現在的我正舒服裏在溫暖的睡袋裡，周圍交談聲、收拾整裝的窸窸窣窣聲此起彼落；微微冰雨飄落在五顏六色的帳篷上，感覺好像可以捏碎似的。氣溫只有五度不到，彩色山脈上覆蓋的冰雪熠熠生輝，呼出的白煙裊裊繚繞。

我們從首都雷克雅維克（Reykjavík）出發，在中途換了四輪傳動的巴士，一路顛簸搖晃至此。路況極差，有時巴士還會潛入冰冷的溪水之中；棚架上的行李也按耐不住地跌落好幾次；車上的乘客不時面面相覷，露出意味深遠的一抹微笑，彷彿不敢置信眼前所發生的一切，只好盡在不言中。

我再一次將腦袋放空，讓上半身隨著巴士的韻律自然地左右上下擺動以免失守，好幾次我感覺到水位已經快滿到肺部以上，讓我想起了去年在北北印山裡頭的印度甩尾。

　　遠處的小山丘上布滿著如同柔軟地毯般的青綠色苔原並散落著奇形怪狀的火成岩，遍地的黑色沙灘如同異世界的死寂，我在心裡暗自慶幸，幸好我們最後決定搭巴士前往。

　　這裡是冰島中部高原——蘭德曼納勞卡（Landmannalaugar），我們即將進行總長約五十五公里，四天行程的彩色火山健行；每天都需要跋山涉水十二到十六公里，終點是位於冰川谷的索斯莫克（Þórsmörk）。

　　Laugavegur Trails，又名彩色火山健行，沿途地貌多變色彩繽紛，地熱、溫泉、野溪、冰川、熔岩，景觀目不暇給，連 Lonely Planet 北歐書中都大力推薦，足以媲美秘魯的印加古道（Inca Trail）。流連忘返的遊客甚至會再多走一、二天，計二十二公里的路程，前往斯科加爾（Skógar）。

　　我們很自動地在凌晨六點不到睜開眼睛，連鬧鐘都睡得比我們晚，四周仍然是靜悄悄的一片；天色才剛剛亮起，連朝陽都躲在厚厚的烏雲後面。我們踩在藍白拖上，木頭棧道嘎嘎作響，白毛羊鬍子草恣意遍布翠綠色濕原隨風搖曳，刺鼻的硫磺味迎面而來，迎接我們的是白煙瀰漫的野溪溫泉，就在營區後面不到五百公尺的地方，電影《冰島嬉遊記》最後邂逅的場景就是在這裡拍攝的。

　　我們有備而來換上了泳衣，一踩進泉水，冰沁刺骨從腳底湧上，感覺心臟都要停止了，過了一會兒才終於習慣了水溫。溪裡頭冷暖流交雜，越靠近水流處溫度越高，橫躺在水裡，腳是燙的，腦袋卻是冰涼的。

　　金黃色的晨曦終於從地平面緩緩升起，望著眼前的美景我如釋重負，還好有親自來走這一遭。對照於前兩天的萬念俱灰，手足無措，一切痛苦恍如隔世。

　　剛到冰島的第一天我就掉了羽絨外套、毛帽、手套等禦寒裝備，站在異鄉陌生的街頭上不停地發抖，不知道該怎麼辦。幸好有當地華人朋友的幫助，讓我們安然渡過所有挫折，才深刻體悟「出外靠朋友」的箇中含義。

　　昨晚我夢見了彩色極光，綠色紫色紅色參雜，色彩繽紛。正當我望著窗外

看得出神時，一個陌生聲音卻潑我冷水說：「那不是極光，那只是玻璃的反射而已。」

「我相信眼前看見的就是極光沒錯！」我很堅定地告訴他。

沒多久我就清醒了，眼前是熟悉的淡藍色帳篷。

爽快地泡完野溪溫泉，也算是完成了來冰島的其中一個願望。匆匆地用過早餐然後拔營，展開我們的彩色火山健行。一離開蘭德曼納勞卡營區，就要先翻過一個山頭，坡度變化很大，部分路段甚至要手腳並用亦步亦趨地攀登上去。爬得累了，我們就坐在石頭上休息一會兒，不時回首眺望昨晚住的露營地。前兩個山頭非常的壯麗，奇形怪狀的熔岩地形、色彩鮮豔多變的彩色山丘，一旁還有不知道從哪裡來的羊咩咩正悠哉地低頭吃草；遠處的山脈覆蓋著未消融的白色冰雪。

沿途來往經過的遊客非常多，有些人甚至輕裝健行，連背包都沒有準備；健步如飛的模樣，應該是單日往返的遊客。幾乎都是西方臉孔，很少東方人，一個背著大背包的老外迎面而來向我打招呼：「摳妮基哇！」一時之間反應不過來，後來才恍然大悟：原來是被當作日本人了。

沿著山的稜線繼續行走，過了第三個山頭後只剩黑與白，永凍的冰雪與黑色的凍土，越往前走冰雪覆蓋的程度越大，幾乎只剩下一整片參雜火山灰的冰河層。

　　我們的進度嚴重落後其他人一大截，後半段的冰河區只剩我們倆還在苦命趕路中，環顧四周看不見其他人身影，冰天雪地之中是如此的孤寂荒涼。少數路段因底下地熱的關係會有蔥鬱的苔原覆蓋，是唯一生意盎然的地方。伴隨著溫泉的湧出，空氣中瀰漫白煙及硫磺氣息；名副其實的冰與火國度。

　　走在冰河上相當吃力，走一步滑半步，如同在沙灘上奔跑般的辛苦，我們只能依循其他人的腳印及標示路線的木頭桿子來確認方向。不能離主線太遠，那有可能太接近冰帽，要是踩到較薄的冰層，我們就要提早後送回台灣了。連兩天都有一個用火山岩塊堆起來的紀念碑，以悼念在此不幸罹難的健行山友，我們拾起了一塊石頭放在堆塊頂端，雙手合十祈禱，願所有長眠於此的靈魂都能得到安息。

　　最後一個山頭頂上立了好幾隻用石頭堆疊起來的標誌，還有一個大太陽能板，遠遠就能看得清楚；而地上布滿了岩塊還有晶瑩剔透的黑曜岩，抵達制高點的太陽能板後就看得到座落在谷地的營區。

　　我們花了七個小時，從早上十一點走到下午六點，抵達十二公里外的第一站 Hrafntinnusker，一個座落在雪山環抱的露營場。

　　謝天謝地，第一天苦難終於結束。

雪山環抱的露營場——Hrafntinnusker。

健步如飛的模樣，應該是單日往返的遊客。

133

十級陣風下搭帳篷

清晨氣溫相當低，山嵐繚繞。

這 一晚睡的非常辛苦，夜裡的氣溫驟降，狂風不斷的吹拂，帳篷啪嗒啪嗒作響地在哀嚎著；我不斷地從睡夢中驚醒過來，然後起身拉開帳篷的拉鍊，探出頭檢查外頭的營釘是否牢固。一切安好，帳篷還沒被吹走，關上拉鍊繼續睡覺。

　　昨天抵達營區時，有石頭圍起來擋風的那種 VIP 營地已經讓其他人捷足先登，我們只好將帳篷挨在別人帳篷後頭，這樣多多少少能抵擋一些強風的吹拂。這裡收不到訊號，無法拍照打卡，也沒有提供水跟食物的販售，只有一間半開放式連水龍頭都沒裝的小廚房木屋，以及一間沒

有沖水馬桶的廁所，就是一個很深的野戰坑。馬桶蓋是木頭做的，這樣上廁所時才不會黏在上面，倒是貼心的提供捲紙跟消毒的酒精瓶。

我們將熱狗麵包放在鍋子下面充當鍋墊，同時藉由鍋子的熱度讓凍成冰棍的麵包解凍。除此之外，我們還拿鍋子來熨濕透的臭襪子，在天寒地凍的山上待兩天，我們提升到超脫世俗的境界。

清晨氣溫相當低，山嵐繚繞。有限的能見度，甚至看不見五十公尺外紮營的帳篷，儘管它是鮮豔的藍色、綠色、黃色、紅色。用「冷」已不足以形容，用「凍」來說比較貼切，我穿了兩雙襪子、雙層的雪褲；上半身則穿了長袖排汗衫、軟殼衣、羽絨、狗鐵絲外套，連毛帽、手套都用上了。

擔心像昨天一樣，只剩我倆孤零零在諾大的冰原上趕路，我們提早在早上十點拔營上路。並且夾在兩隻大隊伍中間出發，這樣一來比較有安全感，往前往後都看得到長長的人影，令人安心不少。但是好景不常，過了幾個山頭，我們又殿後了。

我們將熱狗麵包放在鍋子下面解凍。

越過了幾個冰原後，我們繼續在山稜線上移動，遠處的健行遊客就像五顏六色的螞蟻一樣，不斷地向前緩緩移動。山稜線的盡頭迎接我們的是一望無際的藍綠色山脈，小溪蜿蜒其中；最遠處是積雪未溶的白頭雪山，露營區及小木屋就坐落在湛藍色的 Álftavatn（奧爾塔湖）湖畔。

看得到終點是一件令人興奮的事，只是沒想到我們花了三個小時才走完。下山的路線是陡峭的懸崖峭壁，路面還布滿了砂石，稍不留神就滾到山下去了。有些危險的路段，我就拉著 Jessie 的手一起下山，才剛說完：「小心腳滑！」結果我自己先滑倒，還好是靠著山壁這一邊傾倒，嚇得我魂都飛一半了。懸崖邊的側風極為猛烈，沒帶登山杖的我，只能將雙手平舉，像走鋼索的人那樣，勉強保持平衡下降。

我告訴 Jessie 說，走過這麼多次大旅行，這裡肯定是我這輩子看過最美麗的地方；但是這種驚險刺激的經驗只要一次就夠了，看別人遊記還以為是輕鬆康樂等級的郊遊路線勒，下次再也不來了。

平安下到平地，接著要面對的是水深超過腳踝的湍急溪流。一群外國遊客站在岸邊觀望駐足許久，過了一會兒才有人自告奮勇當先鋒，看著前面的人安然渡過溪水，後頭的人也踩著前一個人的足跡如履薄冰般前進。

下午四點左右抵達湖畔的營區，原以為今天的苦難就此結束，可以早早收工，沒想到卻在搭帳篷時遇到了大危機，搭了快兩個小時都還沒弄好，這裡的風跟絲路的百里風區不分軒輊。

搭好營柱跟內帳後，我讓 Jessie 先到裡頭鋪睡墊跟睡袋，順便坐鎮以免帳篷被吹走；而我則是一個人在外頭搭外帳，不知道怎麼搞的，帳棚總是被狂風吹得東倒西歪。環顧四周，雖然每個人的帳篷也是被強風吹得啪搭啪搭作響，但都還直挺挺屹立不搖；反觀我們的帳篷卻軟綿綿地令人洩氣。

木然地再巡視一遍，原來是少了營釘繩子固定，搞清楚原因後似乎看見了一些希望曙光。只是我為了行李輕量化，將營釘跟營繩都留在台灣的家裡了，只好請 Jessie 到小木屋的服務中心去借營繩，而我則在原地繼續無助地緊緊抓住帳篷。

十幾分鐘後 Jessie 回來了，服務處的一對情侶拆了他們自己營繩借我們用，

然而這是我第一次使用營繩跟營釘，搞了老半天還是摸不著頭緒，狀況一度好轉，但是又回到了原點，甚至更糟。

隔壁帳的外國女孩，主動過來幫助我們，但是進度卻依然停滯不前。我真的是太笨手笨腳了，見我們沒有任何起色，外國女孩也無能為力，也只能揮手跟我們說再見。

我和 Jessie 一人一邊抓著帳篷面面相覷，不知所措。我跟 Jessie 說：「現在還笑得出來，表示狀況還不糟，還沒到最慘的時候。」

但是一個小時後，我已經嘴角僵硬笑不出來了，雙手撐到發麻發冷。

周圍的帳篷撤了好幾頂，大家都在收拾裝備要再走五公里到下一個營區去，其他遊客說那裡一點風都沒有。只是現在的我們再也沒有任何的力氣往前走，只能目送他們離去的身影，繼續待在原地與如同風中殘燭般可憐的帳篷同進退。

無可奈何下，我只好拉下臉向隔壁帳的老大哥求救。我聲音顫抖地告訴他，這是我們第一次在強風中搭帳篷，我們嘗試過也努力過，但狀況卻沒有好轉，希望他能協助我我們。

「My pleasure.」他說這是他的榮幸。

他一邊解說一邊示範給我看，他說大家的帳篷都是背迎著風面，而且緊挨在別人的帳篷後面，這樣一來，風的影響才會達到最小；而且我的營繩拉的太鬆了，根本起不了作用。我茅塞頓開，明白了自己的盲點，一些看似很簡單的道理，沒有自己下來實際操作，實在很難體悟。「江湖一點訣，說破不值錢。」

我們將整個帳篷移到另一處，先在迎風面牢牢地打了三隻營釘，再緊緊地拉了兩條繩；頓時整個帳篷安定了不少，不會左搖右晃。搞定了最麻煩的地方，另外背風面就輕鬆多了，飛快地定位好帳篷整個過程不到二十分鐘，但是我剛剛卻弄了快兩個小時都還搞不定。

搭完帳篷後，我跟 Jessie 從巨大的緊繃中得到釋放，整個人癱軟無力。好笑的是，我們才剛搭完帳篷沒多久，整個山谷的風竟然都停了，穿著羽絨衣的我們甚至覺得熱到要冒汗。

露營區及小木屋就坐落在湛藍色的 Álftavatn（奧爾塔湖）湖畔。

　　溫柔的陽光和煦，微涼的輕風吹拂，湖畔的景色是如此的壯麗；陽光映照在湖面閃閃發耀，波光粼粼，形成一幅如同油畫般的絕美仙境。然而我們已經身心俱疲，哪裡都不想去，只想動也不動地躺在帳篷裡發呆。

　　後來 Jessie 說：「這是老天開的玩笑，上帝的惡作劇。」

旅人手記

　　原訂四天的健行行程，我們協議提早結束，只走了最精華最美的頭兩天。很少健行經驗的我們，走完兩天行程後，走路外八、肩膀、腰部、腳踝疼痛不已；我們都已瀕臨自己的極限。

　　我們在早上七點多起床，很悠哉地收拾行李，目送其他人離開，然後到湖畔邊散步。所有人都離開了，只剩我們還在悠哉地吃早餐，偌大的營地徒留滿地固定帳篷的大石頭，人去樓空。

　　下午兩點搭上巴士回市區雷克雅維克，一天只有這一班車，錯過了就要再等一天。原本還擔心位置會不夠坐，結果車上只有我們、一對外國情侶、一個亞洲女生，以及一個祖孫三代的家庭，大部分的人都是走完四天行程的。巴士走的路線幾乎和第三天健行的路線重疊，

我們舒服地坐在巴士上看著那些一早就拔營啟程的山友（都是這兩天一直看到的老面孔）還在奔波趕路；心裡是五味雜陳。

我們在一個不知名的小鎮轉車，原來的巴士則要接來自雷克雅維克的旅人前往起點站 Landmannalaugar，時間安排的恰當好處。雖然我昨天才說，這種行程我再也不想參加第二次，然而一坐上巴士離開，我已經開始想念這裡的一切。我愛冰島，我愛 Laugavegur Trails。

人去樓空的營地。

我愛冰島，我愛 Laugavegur Trails。

黃色小豬消耗戰

黃色小豬消耗戰。

離開辛格韋德利國家公園（Þingvellir National Park）往蓋錫爾間歇泉（Geysir）的路上，有一段路是茂密的森林，就好像騎在南美亞馬遜雨林似的。在一個大三叉路口，三十六號線在這裡拐了一個九十度的右彎，直往三十二公里外的塞爾福斯（Selfoss），眼前的路變成了三十七號線，離今天的目的地蓋錫爾間歇泉還有四十四公里。出了森林又是一望無際的原野，以及牧場、冰島特色的小農莊、黑白相間的羊咩咩、披頭散髮瀏海過眼的冰島馬，眼前安然的一幕和北海道的一切好相似，一邊騎車一邊讓我想起在北海道騎車的往事，歷歷在目。

紮完營後，我們直接前往景區看間歇泉噴發，一路上煙霧瀰漫，硫磺的氣息散布在空氣之中，縹緲虛無。入口處不遠，還有個永遠不會噴發，但會有滾燙的溫泉水在冒泡的 Litli Geysir 小噴泉，遊客都是快走直奔到每五至十分鐘噴發一次的史托克間歇泉（Strokkur Geyser）。

　　冰島這有個很獨特的紀念品書籤，是一個男人橫躺在地，搭配著極光、間歇泉、冰柱、石柱，展現出「一柱擎天」的氣概，標語就叫作「Enjoy Our Nature.」一語雙關。送禮自用兩相宜，上面的圖案是冰島才有的，一看就知道是遠從冰島帶回來的，非常有紀念性。

　　我側躺在地上，等待湧泉噴發的那一瞬間，想要借位拍照，然而拍的照片都不甚滿意，只好空手而回。隔天一早我們又去了間歇泉拍照，但是 Jessie 還沒吃早餐，心情不好在鬧脾氣，我只好放她一個人走回門口的餐廳，我則繼續擺我男子氣概的一柱擎天。

塞爾福斯露營區。

十幾分鐘後，Jessie 孤零零的走回來，說一張信用卡掉了，而另一張 JCB 卡也不能刷，她只好回來找金主幫忙；剛好我也拍到一個段落，一起很開心地走去餐廳吃飯。

我們的糧食在第三天告急，除了滿滿一大袋速食麵外，只剩一些糖果、口香糖、巧克力。金圈這一帶人煙住家稀少，補給不易，景區販賣部的價格又讓人望之卻步。雖然還不到山窮水盡，但我們已經不想再吃速食麵了，一點都不想。逛完黃金瀑布（Gullfoss）後，我們在遊客中心休息，並上網搜尋超市的座標位置，得知七十公里外的塞爾福斯有 Bonus，錯過了這間，至少要繞過半個冰島才能找到下一家 Bonus。

我們達成協議，更改了今天的目的地，目標是遠在天邊的塞爾福斯。我們不停地往前踩，肚子餓了就蹲在路邊乾吃速食麵，連熱水都用完了——真慘，還好吃起來口感跟科學麵很像，麵體本身很鹹，連調味料都不用加就可以生吃。

抵達不知名的小鎮已經晚上八點多了，天色已漸漸變暗。一間屋子牆壁上貼著一隻大大的可樂瓶，遠遠地就可以看到，彷彿在熱情地歡迎我們似的，我當機立斷將莎莉轉進來。這是一間小小加油站，我滿心歡喜地走近，沒想到店家卻打烊了，就算我想順時針、逆時針轉開門把都沒有用，我們失望地去找露營區。正當我還在愁雲慘霧時，救星出現了；一個老伯伯從後頭的草叢探出身來，和正在搭帳篷的我們打招呼。他和太太兩人來自瑞士，開著露營車環冰島旅行，太太叫作伊莎貝爾，忘了問先生的名字，就姑且稱他們伊莎貝爾夫婦好了。

大概是看我們兩個騎單車旅行太辛苦了，先生拿了一包巧克力跟麵包給我們，說這是來自他們國家的食物，很高興認識我們，與我們分享。

先生用力地拍了我的肩膀，像是在替我們打氣似的，要我們繼續堅持下去。

接過了滿滿的心意，差點讓我倆熱淚滿盈奪框而出。作為回禮，我們也拿了幾包速食麵給他們；速食麵我們超多，多到不知道該選什麼口味當晚餐。我們實在餓壞了，連帳篷都還沒搭完，就把麵包吃光了，剩下的巧克力就留到明天當早餐。

隔天我們靠著離線地圖 Maps.me，騎了二十公里終於抵達塞爾福斯，一進市區就往 Bonus 飛奔過去，連單車都沒鎖，就丟在超市門口。我們真的是餓壞了，

抓著麵包、巧克力、豬排、咖啡、義大利麵、熱狗，看到什麼可以吃的，就直往購物車塞。光是二公升的零卡可樂，我就抱了一手六隻，共十二公斤，完全沒考慮到載得下、載不下，當時的我只煩惱到底要買四隻，還是六隻，左右為難。

Jessie 也是失心瘋，拿了一整袋的巧克力，光是一袋五支裝的熱狗麵包就拿了七袋，還有三大包的義大利麵。

「買這麼多，單車真的放的下嗎？」Jessie 有點擔心地問。我信心滿滿拍胸脯保證，一定放得下。

後來答案揭曉，我們一共買了將近台幣五千塊的糧食，毫不猶豫地拿出信用卡刷下去，還要了五個袋子來分裝。才剛心滿意足滿載而歸地走出店門，整個下巴就垮了下來，沒想到還真的放不下，這下真的糟了。

不管我怎麼擠，就是加掛不上去，光是那一手可樂，就把我的行李堆到恨天高似的。Jessie 的車已經掛了左右各兩個黃色小豬袋，一共四個；兩人手上還提著滿滿兩大袋，這該如何是好？

無計可施之下，只好放棄原訂要騎到三十五公里外的塞里雅蘭瀑布（Seljalandsfoss）的計畫，直接在塞爾福斯找地方紮營。一聽到今天要收工了，原本愁眉苦臉的 Jessie 開心到簡直要跳了起來，只差沒轉體兩圈半，然後在半空中做出天女散花。

幸好附近兩公里處就有露營區，算是不幸中的大幸；然而這短短的二公里，我們卻走得特別痛苦，好像一輩子都走不完似的。滿載而歸，掛滿胖嘟嘟黃色小豬袋的莎莉，讓步履蹣跚的我一直噴裝備，只好放倒了莎莉，跪在地上撿食物；看到一手的可樂瓶在地上翻滾，我又不停地反問自己，為什麼剛剛要買了一手的可樂呢？

為什麼呢？到底發生什麼事呢？

一邊撿裝備，我一邊想起前幾年一起騎單車橫越絲路來自海南的卓哥。

哎！卓哥，讓您見笑，我又失心瘋了，這次更誇張；一手六瓶可樂，一共是十二公斤。

我們一共在塞爾福斯露營區住了三個晚上，打算跟這些黃色小豬長期抗戰，

慢慢消磨他們的戰力。露營區的設備完善：有暖爐的交誼廳、自炊的廚房、插座、淋浴間，投幣式滾筒洗乾衣機，連 Wi-Fi 都有；不過室內的訊號很弱，在空曠的營區反而很強，躺在帳篷裡也能上線打卡，更新網站。

這裡也是重要的巴士轉運站，巴士來往雷克雅維克及中部高地蘭德曼納勞卡。抵達露營區的第一晚，終於不用再吃速食麵了，我們一口氣吃了一大盒五片裝，厚度有近兩公分厚，整整有一公斤重的豬排。

採買時還在羊排、豬排之間左右為難，幸好理智回復，沒兩樣都買；吃完了這一頓，我好像把這輩子的豬排額度都用完了。

下午去市區走走，塞爾福斯不大，我們花不到兩個小時就走完了，只有沿著一號公路上的街道比較熱鬧一些；逛了這裡的圖書館，小書局，類似 Ikea 的五金及運動用品大賣場。這裡有除雷克雅維克外，全冰島唯一一家的肯德基，說什麼也要來試試看。一份咔啦雞腿堡套餐大約是台幣四百元，物價是台灣的三、四倍。

晚上天氣很好，紫紅色的晚霞籠罩著整個營區，彷彿是在慶祝我們平安下山回到市區，歷劫歸來。凌晨是極光的大爆發，用肉眼就可以看得很清楚，連最怕冷的 Jessie 都拉開帳篷的拉鍊探出頭來，欣賞這驚奇的大自然夜之簾幕；驚呼聲此起彼落，露營區的每一個人都伸長了脖子還有持著相機的手，紀錄這光彩奪目的一瞬間。

我試著挑戰縮時攝影，以捕捉稍縱即逝的華麗盛宴，然而不純熟的技術讓我扼腕失之交臂，如同在不對的時間點遇見對的人一般無奈。終於明白一張經典的照片是如此得來不易，必須做好萬全的準備，連夜守株待兔，所有的努力都是為了那千載難逢的一刻；有人笑稱我們這些半夜不睡覺的傻子是「Trapper」，意思是指要事前規劃、設置陷阱、枯等獵物出現的人。

隔天依舊是爆發的極光夜，只可惜一整晚下來，都是陰雨綿綿；燦爛的極光始終躲在烏雲後頭，任性不肯露臉。彷彿在告訴我們：很多事情錯過了就不在，人與人之間的緣分也是；美麗的故事，往日情懷只能停留在彼此日漸斑駁的記憶裡。

把握當下。

Seljalandsfoss 的 冰島女孩

現在的我們正在 Hella（海拉）一家附設在加油站的美式餐廳，店名是 Kaffi 66 號；今早我們從塞爾福斯的露營區出發，在看似不會停歇的細雨中騎了三十幾公里抵達這裡。一路上我們都沒有心情停下來休息拍照，氣溫只有七、八度而已，冷風刺骨劃過臉龐，就好像刀割似的；霧茫茫的白牆籠罩一切，放眼望去天空只剩單調的灰白色；冰凍的雨水從帽簷斜斜地滴落，鼻水不止息地流。

冰島的天氣都是這樣詭譎多變，晴雨不定難以捉摸，而我們的行程已落後不少，不能再悠哉地等雨停。隨著日照時間越來越短，往後的天氣只會更加惡劣，今早不得不如期上路，顧不得外頭還在飄著細雨就拔營出發；風甚至大到把我們的帳篷都吹跑了，滾得遠遠的，就好像在跟我們淘氣地玩捉迷藏似的，越追它滾得越遠。我們鬧彆扭地大聲喊道：「出去了，就別給我回來了！哼！」

（結果，還真的不回來了！）

車上掛上了滿滿的食物，我倆的後貨架已無法再加掛了，我只能背著我的登山背包騎車，雖然氣溫很低，但是我卻熱到汗流浹背；外面下小雨，衣服裡面也是，一邊騎車，我的腦海裡一邊浮現出電影練習曲的主角背著大背包，還有大吉他騎車的畫面。

有些事，現在做了以後再也不想做了。

我們在餐廳裡點了兩杯熱咖啡喘口氣回回神，並脫下了所有濕淋淋的衣服掛在暖氣吹風口晾乾：帽子、頭巾、外套、手套都濕透了，連新買的防水登山鞋也無一倖免。實在冷得受不了了，我們又狠下心來，一人點了一個大漢堡來壓壓驚，旅途還長不慰勞一下自己實在難捱啊！

「難道你都不覺得很痛苦嗎？」Jessie 流著鼻水問我。

我說習慣了，越是痛苦，就會更珍惜我們所擁有的，就像我們現在正舒服地坐在暖氣房裡，喝著暖呼呼的咖啡，吃著滿足的大漢堡，在台灣你有吃過這麼好吃的一餐嗎？

她說沒有，我說這就是單車旅行的醍醐味，身心極限的滋味。

她又問我：「那你最痛苦的是什麼時候？」

一個人在狂風烈陽的無人沙漠裡騎車；一個人在冰天雪地的深山裡迷路——當所有的痛苦都只能自己獨自承擔時最痛苦——看到還有同伴一起吹風淋雨，一切的苦好像也就沒那麼苦了。

◀◀◀ ••••••••••••••• • ••••••••••••••• ▶▶▶

我們在雨中繼續騎了三十幾公里，我已經開啟了大腦省電模式，自動導航來騎車。我的餘光一直集中在 Jessie 身後那兩個黃色小豬袋，沒有多餘的心力注意眼前發生的一切，如果這時侯 Jessie 突然停下來，或是有什麼閃失的話，我就要飛出去了。

當我回過神時，已經抵達今天的目的地——塞里雅蘭瀑布的露營區；中午晾乾的衣服又再次濕透，令人心灰意冷。離開一號公路轉進小路，路邊的草叢出現好幾個野營的帳篷，儘管身旁的圍籬上掛著禁止露營的告示牌。我們匆匆經過人聲鼎沸的塞里雅蘭瀑布，冒雨前進到一公里外的露營區，現在的我們只想趕快找個地方安頓好。

我們將車子靠在小木屋前，大部分的行李都原封不動的掛在車上，只拿需要用到的東西進到溫暖的屋內。我直接癱軟在椅子，彷彿已經用盡了身體的最後一絲力氣，半個小時後才回神回溫，意識也慢慢清楚。Jessie 看我恍惚的樣子心疼不已，但我已不記得她那時說了什麼。

我們將所有淋濕的衣物吊在屋子內任何可以懸吊的地方：椅子、晾衣間、廁所的暖氣機上。不只我們，其他人也都淋得像落湯雞一樣。

負責登記的是一位親切的年輕小姐，看起來二十歲不到的年紀。每當狼狽不堪在整理衣物的我們一回頭，與她四目相接時，她總是給我們最溫暖的笑容，毫不在意我們散落一地的東西，弄得遍地狼藉。除了櫃檯的接待外，她還要打掃廁所、廚房、交誼廳，以及小木屋裡的任何一處，只有她一個人負責。外頭的天氣實在太惡劣了，以至於每一個待在溫暖小木屋裡的人，都捨不得離開。

直到晚上十點，櫃檯的小姐終於忍不住雙手合十地說：「她要下班了，交誼廳要鎖起來……」請大家移駕到餐廳去。隔天我們去參觀彩虹瀑布時，她甚至還幫我們顧兩個大背包。離開前我們拿了兩包巧克力給她，感謝她這兩天的辛勞，我們又再一次見到了她笑容可掬的親切臉龐。

雖然曾經懷疑過

維克小鎮。

　　早上我們去看了斯科加爾瀑布（Skogafoss），這是白日夢冒險王場景之一：是華特帶著兩個堅強的小男人走在瀑布前。在看過氣勢滂礴的塞里雅蘭瀑布後，一度提不起勁來走這個景點，心想不就是個瀑布嗎？看那麼多個有什麼不一樣？心情就像縱斷日本時，看了第一個寺廟很興奮，等到看第二十個寺廟時，已經意興闌珊。

　　然而當我走上步道，來到瀑布頂端的觀景台，望著來時的腳步及眼前一望無際的美景時，心裡頭卻是如此的慷慨激昂；還好有來這一遭，還好克服了萬難，來到了冰島。

雖然曾經一度懷疑過，我想，我還是非常喜歡單車旅行的，那個寄生已久的小小環球夢，確實存在的沒錯。

　　那麼，下一個地方要去哪裡呢？

　　「縱斷非洲。」

　　一直以來我不敢去幻想這件事，總是覺得這個夢離我太遙遠：擔心資金、擔心個人安全、擔心不知為何的擔心；放不下工作、放不下台北的一切、放不下在台灣的一切。

　　然而，人生似乎沒想像中那麼痛苦不堪，並不是做錯了一個決定就萬劫不復，無法回頭。

斯科加爾瀑布。

念頭轉變了，一跨出那一步，那最困難的第一步，未來的路也似乎漸漸明朗，就像「啪」的一聲在眼前拓展開來。

這幾天我和遠在烏魯木齊的 D 聯繫上，我和他是在去年的暑假認識的，那時我剛從印度回來，哪裡都去不了，只能在家靜躺休養。他在網路上發問，希望有人能教他一些單車維修技能，就算是付費也沒關係。於是我主動寫信給他，說我願意提供他單車旅行的相關資訊及技術諮詢。

潛水已久的我，厭倦了網路的紛紛擾擾，不喜歡在網路上發言，這是我極少數主動做出回應，然而這樣一個小小善意的舉動，也讓我往後的人生有了很大的變化。

他是第一次做海外單車旅行，第一次出國就要環遊世界，真是令人佩服的年輕人。年少輕狂的他打算先騎完縱斷美洲後，接著橫跨歐亞，終點設在葡萄牙的羅卡角（Cabo da Roca）──那裡是歐亞大陸的最西端，是大航海時代的冒險家出航探險時，所看到的最後一塊歐洲陸地；是地理大發現的起點。

「我想親眼去確認那些書本裡提及的地方，算是為小時候的自己圓夢吧！」

他說他在大學時，就夢想去環遊世界，為此他簽了好幾年的國防替代役，努力存錢就是為了這一次的放手一搏。出發前他憂心忡忡地說：「工作也辭了，離開生長的台灣，離開熟悉的家人朋友，他即將一無所有。」我卻告訴他，別說你一無所有；放開了雙手，你即將擁有全世界。

再見到他已是一年後。剛結束縱斷美洲的他，多了一份堅毅的成熟及從容的自信，彷彿把他一個人丟到撒哈拉沙漠也能活得好好的；看來這一年經歷了不少故事，已不再是出發前連胎都不會換，臉上總是不小心透露出憂愁的待宰迷途羔羊。如今他又踏上了橫跨歐亞的旅行，走得比我更遠更久了。

那時我們就有聊到同騎縱斷非洲的夢想，只是在當時，未來還有太多的不確定性：已經在台北生活五年的我，擁有的越多，已太多牽掛，難以取捨。

彷彿登陸火星般的孤寂荒涼。

C47 遺骸。

我常默默地告訴自己，如果再讓我年輕個十歲，我一定要勇敢跨出那一步，將寫滿 List of Life 的破舊筆記本上的每一件事都逐一完成。然而在台北待的越久，我已漸漸失去當初縱斷日本，拋下一切去流浪的年少輕狂；似乎隨著年紀的增長，牽掛也日益增加──才明白，原來人是可以被改變的，被現實生活所改變，一切是如此地自然，潛移默化。

　　離開台北這件事，我暗自思量了很久，自從經歷了一些事情，明白自己已經走上了和其他人不同的人生道路，無法再回頭選擇成家立業的穩定人生；當我二〇〇五年決定要去環北海道時，似乎就註定好這如浮萍般的漂泊人生，又或許這一切早在連夜搬家，顛沛流離的成長階段就已經決定好。

　　現在 D 正在中國的烏魯木齊苦等哈薩克的簽證，簽證一下來就要一路騎往土耳其，我們約在埃及的開羅見面，時間點應該是在二〇一六年的一月，目標是非洲最南端的好望角。等我結束冰島的旅程回到台灣，就有很多時間來處理這件事，只要搞定了簽證及疫苗，一切就將十拿九穩成定局了。

　　思緒再回到我和 Jessie 的冰島旅程。

　　我們接下來去了 C47 遺骸地點，往 C47 的路上是來回八公里的越野路線，大部分的遊客都是開車來，只有兩個瘋子騎單車前往；遍地石頭的黑色沙灘，彷彿登陸火星般的孤寂荒涼。一路的顛簸，讓我想起了和大師兄夜騎沙漠奔波趕路的日子。

　　離開了 C47 遺骸，我們繼續前往三十公里外的維克鎮（Vík）。連日來的冰雨侵蝕著我和 Jessie 對接下來旅程的信心。我們的裝備都濕透了，早上甚至連帳篷跟睡袋都還沒乾，就匆匆整裝出發。我們打開了手機，查詢維克鎮的青年旅館，我們都很想在溫暖的房子好好睡一晚，不用再擔心風吹雨淋。雖然我們達成協議去住青旅，但後來我又後悔了。我告訴 Jessie 說，我也累了想找個地方好好休息，換下身上淋了好幾天的衣物，好好洗一次澡；但手上資金有限，要做最大效益化運用。

我提議，整趟環冰島行，我們可以有三次求救的機會，真的累得走不動了，我們就找地方投宿，如果我們最後撐過去了，就拿剩下的錢好好大吃一頓犒賞自己。人生漫漫，旅途也是，要適時慰勞自己，路才走得長遠。

晚上八點十五分，我們抵達維克鎮一號公路邊的 N1 加油站。晚餐過後已夜幕低垂，打開莎莉的前後燈，牽著車前往露營區。露營區的設備完善：八邊形如同蒙古包的大木屋，裡面有寬廣的交誼廳、乾衣間、廁所、淋浴間；廚房裡還有爐具、烤箱、烤麵包機和熱水瓶等，一應俱全。

我們褪下了所有淋濕的衣物：毛帽、頭巾、衣服、外套、手套、褲子、雨褲、腿套、襪子，以及鞋子就晾在洗衣間裡。突然間我覺得赤裸裸的我們，就好像被剃光毛的冰島綿羊似的。一覺過後，我們又撐過了一天，離回家的路更近了。

就好像被剃光毛的冰島綿羊似的。

颱風警報

冰河湖。

冰島隨處都可以看到一句諺語：「如果你不喜歡現在的天氣，你只要等五分鐘。」說明了冰島的天氣是如此的詭譎難以預測；天無三日晴。

稍早，史卡法特國家公園（Skaftafell National Park）遊客中心的門口掛起了牌子，上頭寫著：「警告！今晚強風來襲，請躲在樹叢後紮營。」於是，我們戒慎恐懼地將柔弱的藍色小帳篷挨在兩個巨大的電纜木軸旁嚴陣以待，冀望能多少抵擋些風雨──然而這一切只是徒勞無功而已。

夜晚，如預期地刮起了狂風暴雨：黑色的樹林隨著猛烈的風勢沙沙作響，帳篷不斷地在風雨中啪嗒啪嗒地哀嚎，掛在帳篷頂部的營燈毫無頭緒的劇烈晃動。賴以依靠的帳篷如同汪洋中的小船般地更加不堪一擊，好像隨時都會翻覆似的；一角的營釘被強風連根拔起，漫天飛舞的營繩不時敲打著外帳，一整晚我們蜷曲在睡袋裡輾轉難眠，伸長了耳朵監聽著外面的一舉一動，但又不敢出去查看帳篷的狀況。

直到雨水順著內帳的邊緣滲了進來，蓋過了睡墊，就像躺在水床一樣浮動時，我才趕緊換上雨衣雨褲，衝到外頭將每一個營釘重新固定拉緊。外頭的雨勢大到就好像有人拿著蓮蓬頭從四面八方向你攻擊，而且還是高壓水柱的那一種，幾乎是平行的角度；風也很強，黑色的樹林被吹到歪一邊，狼狽地躲回帳篷時，我全身直打哆嗦。

褪去了所有淋濕的衣物，我只能裸著身躲在睡袋裡，浸溼的睡袋睡墊早已失去隔絕保暖的功能，我感到背脊發涼，就像躺在冰冷的地板上一樣，不知在睡夢中驚醒幾次。

一夜肆虐後，風雨在清晨減弱，迎接我們的仍是厚重的灰濛濛天空，以及看似不會停歇的陰雨綿綿。環顧帳篷內的遍地狼籍，我們完全不知道接下來該怎麼辦——是該停留下來收拾殘局呢？還是繼續趕路往前走下去？

這裡的露營區沒有室內的休息區，連炊事區都是開放式的；唯一可以遮風避雨的，只有遊客中心附設的餐廳而已，而且只到晚上七點。若按照原定計畫前往玄武岩瀑布及冰川，勢必要在史卡法特營區過一晚，但是我們睡袋、睡墊、保暖衣物都濕透了，肯定捱不過今天晚上。

我們也想過：乾脆搭車坐到赫本（Höfn）。到赫本的青年旅館休整，至少等所有裝備都晒乾了，再作打算。只是這樣的選擇，勢必要犧牲玄武岩瀑布、冰川健行、冰河湖這些景點，且住青年旅社也是一筆不小的開銷。一邊吃著早餐的速食麵，我們一邊討論該怎麼走下去，或許事情沒有想像中的嚴重，只是現在的我們，真的不知道該怎麼做比較好了。

似乎不搞定睡袋、睡墊、保暖衣物等雜事，就沒有心情去玩樂，往這個方向去思考，看來選擇就簡單多了。我們最後決定先坐下午兩點的巴士到赫本，至於中途經過的冰河湖，可以趁著巴士停車載客的短暫空檔，趕緊下車虛應虛應。

　　有了方向後，我們先將所有裝備扛到晒衣間攤開晾乾，帳篷內的雨水只能犧牲乾淨的浴巾來擦拭。我和 Jessie 分別抓住浴巾的兩端用力擰轉，看著浴巾擰出涓涓不止的黑色雨水，竟然有種成就感滿滿的錯覺。

　　現在的我只剩一件長褲、一件羽絨衣保持乾燥，再淋成落湯雞就沒衣服穿了。早上陰晴不定的天氣，讓我哪裡都不敢去，只能坐在遊客中心角落的地板上枯等，眼巴巴望著其他遊客興致勃勃地前往冰川拍照，或是前往玄武岩瀑布健行。

　　十點一到餐廳終於開門，我們又移駕到溫暖的餐廳耍廢。點了兩個蘋果派還有一公升裝的牛奶當點心，算是彌補我們連日來淋雨受打擊的弱小心靈。

　　巴士很準時的在下午兩點抵達史卡法特國家公園，司機和昨天從維克載我們到這兒的是同一個人。又見到我們，他露出意味深遠的微笑，這次他主動幫我們將兩輛單車扛上巴士後頭的攜車架；我們受寵若驚。

　　自搭上巴士起，厚重地令人喘不過氣來的天空頓時撥開雲霧，豔陽高照，連司機都戴上太陽眼鏡了，老天有沒有這麼愛開玩笑！坐在巴士上的心情則是五味雜陳，看著鬼岩城般的陡峭懸崖，以及如同柔軟綠色地毯的苔原從眼前匆匆一瞥，更加令人感到惋惜。

　　我們經過了冰河湖，巴士在此短暫停留十分鐘，讓我們下車拍照。我們抓著相機，就往湖邊衝去，把握這短暫空檔取景，然後再跳回巴士上，最後巴士帶著一絲絲的遺憾彎進赫本小鎮，並在露營區前把我們放了下來。

史卡法特冰川。

雨過天晴吃龍蝦

颶風下雨也要吃的龍蝦大餐。

赫本小鎮位於冰島東南部，人口大約二千兩百人（二〇一七年一月），是冰島東南部第二大城。歐洲最大的冰蓋——瓦特納冰原（Vatnajökull）近在咫尺，提供極佳的視野；距離傑古沙龍冰河湖（Jökulsárlón）只有八十公里不到，是順時針環冰島，前往冰河湖及史卡法特國家公園一個重要的補給中繼站。小鎮上民宿及海鮮餐廳林立，還有超市、溫水游泳池及附設小木屋的露營區。

赫本是一個三面環海的漁港，大大小小的島嶼星羅棋布在港灣四周，赫本在冰島語即是港灣的意思，在當地政府極力推廣下，龍蝦小鎮

的美名不脛而走，每年七月的第一個週末更是赫本一年一度隆重的文化節日蝦節慶（Humarhátíð ／ Lobster Festival）。就連電影白日夢冒險王的劇組也曾蒞臨赫本大啖龍蝦大餐；電影中取景的格陵蘭努克機場其實就是赫本機場，出小鎮不到一公里即可抵達。

巴士最後在赫本露營區前的停車場停下來，這裡是巴士的最終站，我們牽著大包小包的單車步履蹣跚地進到室內登記。赫本的天氣非常好，早上的淹水落難記就如同天上的浮雲那樣不真實。

我們決定連住兩晚，安頓好所有事再出發。紮好營第一件事，就是將所有裝備倒出來晒太陽，帳篷、睡袋、睡墊排排掛好，整排的木頭圍籬都在晒我們的裝備。

之後，我們步行了一公里，走到港邊的 Humarhöfnin 餐廳吃龍蝦大餐，一邊沿路拍照，好好欣賞赫本的街景。冰島的教堂、警察局都很不顯眼，屬於那種不小心就錯過的低調。

Humarhöfnin 餐廳非常好認，乳白的外牆搭配如同蝦子煮熟後的橘紅色線條，名副其實的龍蝦餐廳。門口佇立著多達十六個國家的萬國旗，一旁有著用巨大樹幹做的龍蝦招牌，張牙舞爪的螯上卻幽默的掛上幾個盆栽，才下午六點，門口已經停了一排汽車。

赫本機場。

163

我們很快地選了窗邊坐下，迎接這一趟旅程中最豐盛的大餐。然而一半冰島文一半英文的菜單，我們還是有看沒有懂；其中一頁有三種套餐，由上到下有三種價錢：分別是七千四、七千三、八百四冰島幣，雖然不懂有什麼差別，既然千里迢迢跑來冰島一趟，閉上眼睛心一橫，用手指點最貴的就是了。

首先送上的是佐麵包丁及馬鈴薯泥的龍蝦濃湯，搭配店裡自製外酥脆、內細緻的麵包，恰如其分地扮演好前湯的角色，讓人越吃越餓，迫不急待主菜上場。

接著，一張教導如何使用蝦鉗及蝦匙的餐巾紙鋪上，一旁的侍者還會親切地問你需不需要圍圍巾；千呼萬喚下，比臉還要壯觀的主菜盤終於磅礡登場。

說是龍蝦，其實跟我們平常辦桌吃的那種多刺大觸角的龍蝦不同，而是有著一對長螯的挪威海螯蝦（Nephrops norvegicus），身長約二十公分。（避免前後文混淆，以下還是通稱龍蝦。）

龍蝦是以奶油、西洋芹、大蒜簡單調味加以火烤，搭配番茄、羅勒等沙拉拼盤，並附上黑白兩種沾醬。魚型的器具擠上一些清香的黃檸檬汁，又能享受更上一層樓的味覺饗宴；肉質緊實Q彈的蝦尾用柔軟的舌尖即可輕輕地挑起與蝦殼分離，觸覺與味覺、嗅覺揉和，更能感受食材的原味鮮甜。殘留在蝦殼上的肉汁不能放過，當然指尖也是。

杯盤狼籍後，我才搞懂不同的價位有什麼不一樣：其中一項只有尾巴；另一項則是一整隻龍蝦頭尾都有；第三項價錢最高，分量也是最豪華，有一整隻的，也有單尾巴的。

　　蝦頭濃郁很有味道，還可以塗抹在麵包，增添另一種層次的吃法；用隨附的蝦鉗喀的一聲壓碎蝦螯，再用細長的蝦匙一一搜刮潛藏在螯裡頭的蝦肉，更是別有樂趣。捨不得離開店裡溫暖氛圍的人，可以在此多坐一會兒，等待外頭肆虐完雨過天晴。我跟 Jessie 都一致認為單點龍蝦尾是最划算的，或是點龍蝦比薩也相當有飽足感。

　　離開 Humarhöfnin 餐廳後，我們沿著彎彎曲曲的港邊散步，街道上行人寥寥可數，遠處冰封雪蓋的瓦特納冰原熠熠生光，氣溫又變得更低了。隨後晚霞乍現，將寂靜的小鎮熨染成火紅，眼前的一切像刷上一層金粉似的。

　　對照一早心灰意冷的窘境，今天的心情就像三溫暖一樣，又或者說是像坐雲霄飛車般的起起伏伏，適時的犒賞又撐過了一天的自己是很重要的──至於隔天我們在斜風細雨下，穿上小飛俠雨衣，又走了一公里路去吃龍蝦大餐，則是另一個故事了；無三不成禮。

　　每一天都是一種新的練習。

龍蝦比薩。

隨後晚霞乍現，將寂靜的小鎮熨染成火紅。

漸行漸遠
是最遙遠的距離

我們悶著頭不發一語拚命往前踩。

四天沒騎車了，在很掙扎的心情下，我們繼續前行，趁著雨最小的時候趕緊出發。剛離開赫本時雨還不大，是那種一隨風就吹散的濛濛細雨，一路上我們還有心情停下來拍照，直到後來雨勢一發不可收拾，雨水一直順著安全帽簷流下來，只能瞇著眼憑著直覺默默前進。抵達都皮沃古爾（Djúpivogur）小鎮的露營區時，我們幾乎是用華特逃離火山爆發的心情，倉皇地躲進溫暖的室內。

往都皮沃古爾的路上，前半段的風景如油畫般動人，眼前聳立的山頭呈現深淺不一的藍綠色，參雜著部分土黃色；筆直前行的一號公路隱沒在山趾，隔海遙望是倚在白雪皚皚下的赫本港灣小鎮。電影中華特自一群餓虎撲羊的智利船員下搶走唯一一輛單車，即是從這裡展開他尋找失落二十五號底片的白日夢冒險。

原以為今天的里程只有七十公里不到，下午四、五點就可以提早收工，還能去港邊散步走走；然而我們倚賴的離線地圖，並沒有將曲曲折折的峽灣地形計算進去，只粗算到下一個露營區的直線距離。一直到晚上九點多，我們還在路上苦命的趕路。此時太陽已悄悄沒入山頭，大霧瀰漫能見度非常的低，我們只能像是被什麼追趕似的，悶著頭不發一語地拚命往前踩。

Jessie 在路上偷偷哭了一次，她是隔天才告訴我這件事，一邊訴說一邊又啜泣哭了起來。她說：「最痛苦的不是淋雨騎車，而是無止境的終點；看著不斷增加的里程，苦痛不知何時才能結束。」對照當時亦是身心俱疲的我，我也語塞回答不出所以然來。

今天的里程超過一百公里，比原本預計多了三十公里，遠超過 Jessie 過往的騎乘經驗，而且還是在如此惡劣的環境下。看著她柔弱的騎車背影，我默默的在心裡思忖：「我一個大男人的，都覺得無比辛苦了；她一個弱女子，第一次單車旅行就跟著我來到這個鬼地方騎車，怎麼撐得下去。」一想到此，我就告訴自己，不能再叫她姐了，要叫她妹子；我必須替她承擔些什麼。

抵達營區時，我們連搭起帳篷的力氣都沒有，我說乾脆就不搭了，厚著臉皮裹睡袋睡在室內的交誼廳就好了。營區的交誼廳是我看過最乾淨，最舒服的地方，裡面還有豪華的沙發在……不幸的是，這裡到處都貼滿了告示：「禁止睡在裡頭！不然就要重罰三百歐元。」

吃過速食麵後，我跟 Jessie 說，可以坐在沙發上睏一下，我幫她把風，縱使我的眼皮也是如此的沉重不已。我又想起了她風雨中騎車的柔弱身影，我必須做些什麼才行。

P.S. 半夢半醒之間，最後我們還是拖著疲憊的身子將帳篷挨在外頭少得可憐的屋簷下。

最險峻的捷徑，絕望九三九線

　　哭的女生會更加堅強，這是不變的道理。

　　都皮沃古爾到埃伊爾斯塔濟（Egilsstaðir）有兩條路，沿著一號線要繞過兩個大峽灣，距離超過一百四十幾公里，另一條路是翻過山頭走九三九線道，只有九十五公里，足足少了六十公里之多。有了昨天看不見終點的驚魂記後，說什麼也不可能選第一條路，於是我們踏了絕望九三九線道，殊不知這正是另一個苦難的開始。

進九三九線道之前，號稱冰島路況最好的環島一號公路開始柔腸寸斷，到處布滿了像被隕石襲擊過的大小坑洞，路上還有小溪四處流竄——這是怎麼一回事？沒想到冰島也有這麼爛的路，簡直不可思議。

我們停在一個三岔路口下車稍作休息喘口氣拍照，回過頭時看到 Jessie 正癡癡地望著遠處的山頭呆若木雞；一副深受打擊、失魂落魄的樣子，於是我忍不住咯咯竊笑起來，趕緊偷偷幫她拍幾張照。

我問她在看什麼，她說：「在看遠處的山頭有多高，要騎多久才會到。」我轉過頭看著身後的高山，蜿蜒之字形的路一直綿延到山頂，山頂上是一隻隻佇立的高壓電塔，那裡是我們將要去的地方。

遠遠望去還覺得沒什麼，等騎在路上時，我才驚覺——哇！怎麼可以陡到這種程度。常識來判斷，應該不可能有人這樣鋪路吧！還是路鋪好了，後來地震隆起造成的呢？一路上我一直在想，到底是先有路才有造山運動，還是先有造山運動，才有這絕望九三九線道；武嶺也沒這麼陡啊？

後來我才想到也有人是自駕走九三九線道，難怪他說：「就算有九條命也不夠用，打死也不敢再開這條路，寧願多繞六十幾公里。」二十度的陡坡，只能讓我們下來用牽的，即使這樣也快不了多少，我們的行李實在太多太重了。我們自貨架上卸下了背包改用肩背的，車子頓時輕了不少，至少可以起步前進。但還有三、四個奪命坡爬不上去，我們只能先將一台車丟在路邊，兩人一前一後合力推著一台車前進，推上了一台車就先靠在護欄再走下坡去，推另一台上來；短短的二十公里，我們花了四個小時才推完。

最絕望的是，好不容易推上了山頂，才發現還有更高的山藏在後頭，依舊是扶搖直上的蜿蜒小徑。受騙的心情就好像去爬山健行時，其他人跟你說：「就快到了！」一樣五味雜陳。

我問 Jessie 心情如何？她說：「昨天比較痛苦，永無止境的加碼，看不見盡頭的亮光。」提問的同時，其實我已經感到無比的絕望，從來沒想過可以推車推到這麼辛苦，而且還是兩個人推一台車。

　　經過昨日的考驗，Jessie 變堅毅了；哭過的女生會更加堅強，這是不變的道理。

　　山頂風更加強烈了，氣溫只有五度不到，一旁出現了像是特大份 Oreo 冰旋風的永凍冰層橫臥在山溝裡，我和 Jessie 都掛著兩行鼻水。我問她為什麼不戴手套、頭巾，她說：「都被雨淋濕了，戴了也不會比較好。」

　　我一度想原路折返，或是攔車求救，我甚至在腦中幻想：就算躺在路中間，我也要把車攔下來。然而這一切只是想想而已，沒有付諸執行。望著遍地的死寂，這裡連一個遮蔽物都沒有，風這麼大，根本沒辦法撐起帳篷；速食麵都吃完了，只剩乾糧巧克力，水都喝完了，連煮熱咖啡都沒辦法。

　　就在我不斷反問自己的同時，我們亦步亦趨地更接近了山頂。大霧之中終於遇到了對向來的車友，看到也在受苦的同伴，我們喜出望外，對方也是。一看到我的車，就指著說：「哇！你的也是莎莉耶！不介意的話，我一定要幫你拍一張照。」

　　遇到了這位老兄，我跟 Jessie 都有種被救贖的感覺，這一定上帝派來的使者，就為了在此時此地，替對方加油打氣。一聽到我們說，就快到山頂了，他馬上握拳高舉著右手，拉弓大喊「耶！」難以掩飾心中的興奮，情溢於表。我們就

沒這麼幸運，前方依舊是逆風亂舞，而且路況都是上上下下的——不管如何，至少不用再無止盡的推車了。

再回到一號線，已經接近晚上六點，離埃伊爾斯塔濟還有四十四公里，以現在逆風的狀況，算一算一小時只能騎十公里左右，至少要十點才到得了。雖然我嘴巴不說，但是我一路上都在尋覓任何可以野營的地點，甚至有了去住旅館的最壞打算；結果這一路竟然什麼都沒有，山丘深處泛著微弱燈光的小農莊，好像永遠都騎不到似的，好遠好遠。

Jessie 的狀況比昨天好，還在我後頭哼起歌了，我問她在哼什麼，她說在哼安室奈美惠的歌。我的右膝蓋開始疼痛，痛到後來已經沒知覺，換左膝蓋在痛；倒是我動過手術常隱隱作痛的右腳踝，這時卻安安靜靜地堅持著，沒吵著要罷工。

我驅車靠近 Jessie 說：「剛剛在山頂上時，哥真的有種絕望的感覺，心裡打定明天就去租汽車，改自駕環冰島。」一聽到我說要租車，她歌唱得更大聲了，直喊「哥！租車！哥！租車！」後來我也豁出去了，開始大聲唱歌，心情果然好了很多。

太陽在晚上八點下山，我們足足在一片漆黑之下騎了兩個小時才到小鎮，我跟 Jessie 只剩下一組前後燈，於是她裝前燈騎在前面；我則是裝了後燈騎在後面。後來她的前燈也沒電了，眼前一片漆黑什麼都看不到，只能靠路旁的黃色反光板來判斷路肩，以免跌到山坡下。萬念俱灰下我才想到一直壓在車手包下的發電前燈。我一直以為這顆燈沒有很亮，所以一直忽略它，從來沒想到有用到它的一天，等到我把車手包移開並掛在背後，再把前燈往下移照地面時，才發現這頭燈如此厲害，原本漆黑一片的道路馬上照得一清二楚。Jessie 騎在前面，我就緊緊的挨在她後頭幫她照路，這顆前燈甚至比我原來用的夜騎絲路的燈還要亮，而且是搭配發電機使用的，所以我不用擔心電力的問題，只要我持續的踩，就能提供照明，頓時讓我安心不少。

接近十點，我們終於又看到燈光，重回到文明的感覺真好，我們在路邊看到的第一家加油站買了速食麵，這是我們今天除了餅乾、巧克力外，唯一的正餐。

過了今晚，明天要吃 Bonus 的煎羊排！

絕美的
Seydisfjordur

九十三線道。

在埃伊爾斯塔濟休整了兩天，我們再度啟程，目標是二十七公里外的塞濟斯菲厄澤（Seyðisfjörður）小鎮；途中會經過九十三線道，這裡是電影《白日夢冒險王》華特溜長板的場景。九十三線道算是這段旅行很重要的一個高潮，還沒抵達冰島前，我就一直在心中想像：現場會是怎樣的景色，當時的我又會是什麼樣的心情。

連電影也不知道被我倒轉了多少遍，只要突然想到，我就會拿起藍光光碟重複再看一次；我都是從華特奔出辦公室前往格林蘭的片段開始看起，看到冰島溜完長板結束，關掉投影機，下次想到再看。

收拾好所有的行李，已經接近十一點，灰濛濛的天空，不時飄落著婆娑細雨，昨天才買的防水雨衣馬上派上用場。為了迎接期待已久的九十三線道，稍早，我特地把自拍桿子用束帶固定在後貨架上，打算將從九十三線道一路滑到塞濟斯菲厄澤的畫面給拍攝下來。

早上的天氣不是很穩定，騎上坡時還一度大霧瀰漫，能見度非常的低；我們牽著車前進，一直到了山頂，雲霧才慢慢散開。山頂上有一個叫作 Heiðarvatn 的小湖，沿著小湖騎了一段平路後，接下來是長達十公里的緩下坡，一路下滑到港邊的塞濟斯菲厄澤小鎮。下滑的過程中，路邊會有一個紀念碑，是當地人紀念 Þorbjörn Arnoddsson 而設立的，在那個交通不便，夏天靠步行及騎馬；冬季只能靠搭船往塞濟斯菲厄澤的年代裡，他是第一個在大雪紛飛的冬季，步行穿越這個隘口的旅行者。在紀念碑旁會有一個小小的停車場，大部分的遊客會在這裡停留休憩。

我們步履蹣跚地走過岩石，像電影裡的華特那樣遠眺群山環抱的塞濟斯菲厄澤小鎮。一路騎來時，我一直在想，華特滑長板的場景，到底是靠近埃伊爾斯塔濟這一段上坡拍的，還是靠近塞濟斯菲厄澤這段下坡拍的；即使走到了懸崖邊，望著蜿蜒不止的山路，我還是一直在想這個問題。直到一路下滑到了街上，看見了熟悉的建築物，才恍然大悟果然是這條九十三線道沒錯，只是電影是在附近的山丘上取景的，必須離開馬路邊，徒步再走一大段，視野才會更加一望無際。

下滑的坡度其實沒有很陡，我們要刻意踩踏板加速，才能像電影中那樣流暢的速度感——不管如何，能親身走這一遭，我和 Jessie 都感到相當心滿意足。縱使冰島啟程前，我是如此的期待，然而抵達現場時，我的心情卻是如此的平靜，一切是如此自然，好像此時此刻的我本來就應該站在這裡一般。

有趣的是，出發前常常隱隱作痛，最令人擔心的右腳踝，來到冰島卻沒什麼大礙，帶來的護踝都沒用到，或許是有其他更大的痛苦，而轉移了焦點。

我對冰島的情感，只能用又愛又恨來形容，每天的心情像是洗三溫暖似的：天氣差的時候，騎車露營真的很辛苦，每天都在晾衣服、睡袋、帳篷；好不容易晾乾了，過一夜又濕，週而復始，每天煩惱這些瑣事，心情也大受影響。只要遇到下雨，我就沒心情拿相機出來拍照，當天的照片就會少得可憐；即使號稱防滴防塵耐負十度低溫的 E-M1 相機也承受不住晴雨不定的冰島天氣，罷工了好幾次。

然而天氣晴朗時真的很美：天空是彩色的；山脈是彩色的；極光也是彩色的，甚至比電影畫面還要動人，令人流連忘返。這是我這輩子見過最美麗的地方，尤其是 Laugavegur Trails，美麗的令人窒息，忘記呼吸。越是辛苦抵達，景色越是壯麗，心中的感觸越深。

走過北海道、日本、絲路、青藏、北印，還有正在進行式的冰島，我以為我的人生足矣；然而這一切都只是迎接下一趟未知冒險的開端序曲而已。這一切都只是過程，只是單車環球夢的一小站，不是夢想的終點；越走下去，越發現這個世界好大，還有好多更漂亮的地方沒去過。

淋雨騎車的那幾天，我問 Jessie 對冰島有什麼感想，她說：「痛苦的令人窒息。」

「等你回到了台灣，你一定想念這晴雨不定的冰島。」我直截了當跟她說。

沒想到，今天才走完九十三線道，當我們散步在如詩如畫的塞濟斯菲厄澤小鎮時，她就語重心長地告訴我：「一想到在冰島的日子只剩三個禮拜不到，心裡頭是感慨萬千！」她已經開始懷念在冰島生活的這一段日子。

「好啊！哥也捨不得離開，今天就打電話給航空公司，機票再延兩個月，把剩下未完的旅程都走完……」聽到這，她馬上改口說：「改機票要花很多錢耶！而且回台灣後要馬上努力工作存錢了……」我又問她，回台灣還想騎單車嗎？她說暫時不想了，不過下一秒她又改口說：「休息夠了應該就會想再騎了。」人真是喜歡自找麻煩。（攤手）

越是辛苦抵達，景色越是壯麗。

冰島的美，令人忘記呼吸。

冰島 ICELAND

單車少年的奇幻之旅

今天要坐車跳過一段路，直接從八六二線道的叉路前往黛提瀑布（Dettifoss），黛提瀑布號稱全歐洲落差最大的瀑布，更是科幻電影《普羅米修斯》片頭，造物主縱身一躍的場景。

九點〇五分的巴士，我們不到七點就起床整裝。打理好一切已接近八點半，司機才悠哉地出現，這輛往埃伊爾斯塔濟到北都阿克雷里（Akureyri）的五十六號班車並沒有攜車架，兩輛單車就大剌剌地塞在底下的行李箱。巴士上的乘客依舊稀少，三三兩兩；到八六二線道的叉路口，一個人是四千四百冰島幣，單車不加價，約一個半小時抵達。

我跟司機説我們要去黛提瀑布，請他到了叉路時提醒我們一聲，途中我看到了黛提瀑布的路牌一晃而過，但是司機仍然繼續往前開，沒有要停的意思；我離開位子趕緊上前詢問，他手指著前面的一個山頭，説那裡才是我要停的叉路。後來我才知道，原來同時有兩條路都可以通往黛提瀑布，可從不同的位置欣賞萬馬奔騰的黛提瀑布，我們要去的八六二線道路況更差，連 Google 地圖上都沒有標示。

我們在一個三叉路口被放下來，除了標示往黛提瀑布的黃色路牌外，這裡什麼都沒有。下車時，有兩個外國女生就站在路牌前，以為是要搭巴士的，結果不是，是要搭便車去黛提瀑布，沒多久就有另一台車把她們載走。

黛提瀑布周遭倒是出乎意料的荒涼，只有一個停車場、一間小木屋廁所；這裡沒水沒電，也沒有遊客中心。這裡到處都標示了不能露營的告示，告示牌還説明最近的營區還要再往前二十五公里。但是離線地圖上明明標示不遠處就有一個營區，於是我們將單車丟在停車場的小木屋後頭，手拿著 iPhone 照著離線地圖

黛提瀑布。

上的指示走去，果然在停車場的角落發現了露營區的指示牌；我們抱著狐疑的心情順著小路，翻過了遍地石頭的小山丘，終於發現了被小山丘包圍超級隱密的營地。

營區裡只有一張桌子，沒看到其他設備，我不死心地走下山丘，終於看到放了兩桶水的小桌子，還有給遊客紀錄的本子；幸好有走下來山丘查看。幸好有聽安西教練的話：「放棄的話，比賽就結束了。」

看到了兩桶水，喜出望外，有熱呼呼的速食麵可以吃了，於是今晚就決定住在這裡。為什麼這裡會有營區呢？猜想是給來往馬蹄型峽谷（Ásbyrgi）及在黛提瀑布健行遊客使用的。我們來回走了兩趟才將行李都搬過來營區，只留兩台單車靠在廁所後面。單車我比較不擔心，沒人會特地跑來這人煙罕至的地方偷單車。

偌大的營區整個晚上只有我們，不會有人特地翻過山頭來這裡紮營，除非是健行或是單車旅行的；而開車自駕的會前往二十五公里外的下一個營地。吃過晚飯後，我莫名打起瞌睡，傍晚不到七點就躺平了，然後在晚上十點半自動睜開眼。我第一時間就是拉開帳篷的拉鍊，確認外面的天氣狀況，外頭是漫天飛舞的極光簾幕，比前兩次看到的都還壯觀。

　　萬籟俱寂，只剩下遠處傳來轟隆隆的瀑布聲，四周靜到耳朵發鳴，彷彿是被這個世界遺忘的孤獨角落，就算興奮地想大喊：「全世界的人通通集合到這裡來看極光！」也沒有用，除了遍地散布的石頭及滿天恣意的極光，其他什麼都沒有。

　　「Nothing but rock and aurora.」

　　有了前兩次拍攝極光的經驗後，這次順利多了，參數、取景一次搞定；再一次挑戰縮時攝影，連 GoPro 都準備就緒。吐出的白色氣息、冰到發疼的雙手、凍到紅腫的臉頰，我的相機依舊在接近零度下認真賣命，已經不眠不休工作了七個小時，我無法壓抑心中波濤洶湧的情感，摸黑爬上懸壁的大石頭，因為擔心影響拍攝的進行，我甚至連手電筒都不敢開。

　　一站上了最高點，瞬間我想起了牧羊少年仰望滿天星空的畫面，以及孩提時期想登陸火星的天文夢——原來我的短暫人生就是為了此時此刻而存在著，每一個人都有一個寶藏正等著他。我說：「自這一刻起，我將一無所有；而溫柔如絹的妳卻說，張開了雙手，你將擁有了全世界。」

　　現在是當地凌晨五點，台灣時間下午一點，山腳下規律的傳來喀擦快門聲，淡藍色的天空從地平線緩緩升起，我在極北的孤島，用自己組的莎莉旅行單車追逐極光。我是 Alashi，我的單車環球夢仍在進行中。

哥的金臂勾，
蓄勢待發

　　——個粗暴的聲音劃破寧靜的深夜湖畔，同時用力拍打著我們的帳
篷，我從睡夢中驚醒，不由得怒氣滿載，下意識用英文回應：
「What's wrong with you？」

　　「你的登記標籤呢？」那個聲音仍然粗暴地喊道。

　　我拉開帳篷，是白髮蒼蒼的營區管理員老先生，他是這裡的地主，

整片倚傍在湖畔的山丘都是他的，包括白天在蔥鬱草原裡恣意遍布的咩咩羊群；農莊裡還有一輛精美復古的黃色老爺車，以及一輛新式的農用皮卡，是常出現美國好萊塢牛仔鄉村場景的那一種。

我早該猜到是他。

從住進這裡的第一晚，我就感覺到很詭譎的氛圍，來到冰島滿一個月了，這是我第一次有這種感覺，有別於其他露營區。營區裡到處貼著告示或是牌子，像是：「這裡的水龍頭只能洗餐具。」、「那裡的水龍頭只能洗臉。」、「廁所不能晾衣物。」、「凌晨十二點到早上八點餐廳要淨空，尊重其他人的休息。」、「請在中午十二點前 Check Out，不然會再收取一天的露營費用。」、「若是被發現沒有登記，將會被收取額外的費用。」

營區裡沒有任何一個插頭，要充電的話就將電器交付給櫃台；一個設備充電是一百冰島幣，木頭櫃子裡每一個插座都有號碼，付完錢還要領取對應的號碼牌。有別於冰島人的隨性，這裡多了幾分嚴謹，讓我一住進來就備感壓力。

住進來的第一印象真是糟透了，抵達那一晚下著綿綿細雨。充當廚房及交誼廳的大帳篷，不僅沒有電燈還四處漏水，黑壓壓的一片，裡面每一桌旅人都緊挨著自己帶來的營燈照明，倒有幾分羅曼蒂克的情調，如同享受燭光晚餐一般。待在大帳篷裡頭，聽著外頭的雨無情地拍打著，風吹得大帳篷啪嗒啪嗒作響，雨水順著邊緣的柱子滴落；望著滴在桌上的小雨，我才恍然大悟：難怪我們現在坐的位子都沒人要坐。

連電爐都沒有，用的是傳統的瓦斯爐，要用打火機一邊點燃，一邊搭配微妙的手感才能點著，若沒有其他早到的旅客提點，全身濕冷發抖的我們就要乾吃速食麵了。

他們說：「This stove just a little strange!」

淋成落湯雞的我們無處可去，勉強選擇在這裡搭營。我們褪下了濕透的衣物，用黑色垃圾袋裝成一袋，並在風雨中緊急紮營，然後趕緊躲在帳篷裡面躺平，伸長了耳朵監聽著外頭風雨肆虐；漆黑地像是可以吞噬一切萬物的深夜是如此的漫長。

隔天一大早，我迫不急待地跨上莎莉直奔二公里外另一個營區去巡視訪價：設備差不多，也是大帳篷式的餐廳，登記的小木屋附設吧台式的桌椅，免費的

Wi-Fi；露營費用一個人一晚是一千五百冰島幣，比我住的還便宜一百元。充電也是一件設備一百元，但是餐廳有插座，大家都在那裡充電，還有熱水瓶可以煮熱咖啡，省去了憑手感背口訣的麻煩。

然而，多方評估後，我們還是選擇在原來的營區連住三晚，除了離超市近補給方便外，最大的原因還是緊鄰湖畔的這個營區實在太美了，我很想拍一張有湖面倒影的極光照片。

思緒回到眼前的老先生，依舊不客氣地重複：「你的登記標籤呢？」

我指著地面上綁在營繩上的標籤說：「第一件事，你早上十點已經過來確認一次，你也看過說沒問題；第二件事，我們已經熄燈睡著了，我們住了三晚，每天早上都有準時登記。」

「You are perfect！You are right！」老先生繼續解釋：「只是這裡有太多人想要規避費用偷偷紮營。」

他一邊看著手錶，一邊喃喃自語：「時間差不多了，我應該要餐廳裡的那些人小聲一點。」

他頓時像洩了氣的氣球，一臉滿懷愧疚手足無措的表情，一時之間，我突然

覺得眼前這位身材高挑的老先生，竟如同犯錯且挨罵的無辜小男孩般弱小無助，讓我想起了電影《接觸未來》William Fichtner 飾演的一位盲人科學家克拉克。

「沒事了，沒事了，確定有登記過就好了，你也早點休息吧。」我一說完，他就拔腿離開，往其他帳篷走去，然後拿著手電筒一一檢查散落在整個湖畔邊的彩色帳篷。

外頭的氣溫只有五度不到，看著他獨自巡視整個營區的身影。我不禁在想：「擁有這令人稱羨的家產，擁有這一整片湖光水色的美景，到底是不是一件好事？」還是，痛苦的不是這些有形的事物，而是用什麼樣的內心世界去看待外在事物？

被這麼一攪和也沒了睡意，就當作被叫醒看極光吧！

我望著帳篷外頭發呆，天空真的出現輕舞飛揚的星夜簾幕。我趕緊拿出相機腳架，換上新的電池就位。

還在擔心「電池快沒電了，不夠拍怎麼辦？」時，結果這乍隱乍現的輕舞極光只維持二十分鐘不到，頓時風雲變色，只剩下霧茫茫的一片。我默默地收起攝影裝備，並紀錄此時此刻的心情，現在是冰島時間凌晨五點，台灣時間下午一點，睡意捲土重來，哥真的要睡了，再來敲門說要收房租、收水電網路、收 NHK 費用的，哥就要給他長州力金臂勾外加吼溜肯。

Hverfjall 偽火山上。

189

隔天我們騎車去爬 Hverfjall 偽火山。

姑且稱它
「Ghost Cat」吧

騎在阿克雷里。

　　早上起床我們先去了阿克雷里的溫水游泳池，就在露營區旁走路就到。還沒抵達冰島就對當地的溫水游泳池久仰大名，除了能洗澡外，裡頭的設施可是無比豪華：游泳池、滑水道、溜滑梯、SPA 水療、蒸氣室、不同水溫的泡水池，還有孩童的戲水池。對我們這種騎單車旅行，久久才洗一次澡的流浪漢來講，可以洗澡的溫水游泳池，至關重要；

而且價位便宜，一個人才六百冰島幣，跟日本的大眾溫泉費用差不多，說著說著，又好想念北海道的一切種種。

下午收完了行李，趁著還有一些空檔，我們就將兩台單車靠在牆邊，到書店翻翻書上上網。突然很想再吃一次 Brynja 冰淇淋，我們又騎著車冒雨狂奔過去，昨天的白髮老奶奶不在店裡，取而代之的是好幾位年輕人；和昨天的門可羅雀相比，今天的客人多了許多，連結帳都要大排長龍。

Brynja 號稱是冰島最好吃的冰淇淋店，除了一般杯裝、脆皮的霜淇淋外，還有一種招牌的 Twister。什麼是 Twister 呢？就是可以任選三、四種巧克力、小熊軟糖、酸酸糖、Oreo，甚至是加草莓在冰淇淋裡。基底的冰淇淋是用牛奶做的，而非奶油。口味有香草跟巧克力兩種口味，玻璃櫥櫃裡多達二十幾種的佐料可供選擇，琳瑯滿目，應有盡有。

我們各點了一杯 Twister，就坐在店外的椅子上大快朵頤，隨著不同口感的巧克力散布在冰淇淋之中，每一口都有不同的繽紛味道，酸中帶甜，甜中帶酸，初戀的滋味莫過於此。來往的客人絡繹不絕，每一個人都是買原味的冰淇淋外帶在車上吃，在不到五度還下著小雨的天氣下，吃完了整杯冰淇淋，整個人都冷了起來，一直狂發抖。

回到 Hof 前的巴士站已經接近三點五十分，五十七號巴士已停在路邊，行李廂已打開準備好。其他班次的巴士都只有小貓兩三隻，而這班往雷克雅維克的巴士幾乎是坐滿的狀態，每個人都是大包小包，幸好巴士後頭有攜車架，不用跟別人擠行李。根據 information 的說法，環島一號線的巴士全年都有營運，只要行李箱塞得下，單車都可以上；除禮拜六只有上午一班外，其他日子一天都有兩班，上下午各一班。

不知道是天氣好，還是因為坐在巴士裡頭的關係，巴士外頭的風景依舊美麗動人。晚上七點多，我們被放在一個荒郊野外的三叉路口。這裡只有一個巴士站牌，兩個地圖看板，一個海豹的牌子，寫著「冰島海豹中心，前方六公里」，那是我們今天的目的地，我們明天一早要去看海豹。

Brynja 號稱是冰島最好吃的冰淇淋店。

多達二十幾種的佐料可選。

我們在天黑時分抵達華姆斯唐吉（Hvammstangi）海豹小鎮山丘上的營區，街上的超市已經打烊了，晚餐只吃簡單的速食麵而已。凌晨兩點，我們準時起來拍攝月全蝕，今天是三十年一度的超級月亮加月全蝕；上次發生的時間是一九八二年，剛好是我們出生那一年，聽起來就很厲害的樣子。

　　我一拉開帳棚的拉鍊，前方正是一整片光彩奪目的燦爛極光，往左手邊望去，紅色的月亮也正在進行中，大地開始變得一片黑暗。心想反正月全蝕從凌晨兩點十五分到三點三十分結束，我至少有一個多小時可以拍，眼前的極光不能錯過，於是我隨便地拍了一張遠景的紅色月亮，就開始拍我的極光縮時攝影。

　　然而等到拍完極光，地面早已亮起，月亮也恢復光亮面；原來紅色的月亮要在月全蝕剛開始時就要拍攝，在月蝕最大期時，只剩一片漆黑，為時已晚。

　　只能像電影《白日夢冒險王》尚恩·歐康諾（Sean O' Connell）說的那樣安慰自己：「有時我並不拍照片，只用眼睛靜靜地注視眼前發生的這一切，美麗的事物總是不希望引起注目，姑且稱它『Ghost Cat』吧！」

　　隔天早上我們去了港邊的冰島海豹中心（Icelandic Seal Center）詢問資訊，據裡面的人說，港邊這裡因為人太雜，船太多的關係，海豹比較不會聚集，要往北二十五公里的海岸邊才能看得到海豹，於是我們又輕裝沿著海岸，一路往北騎去 Illugastadir 看海豹。

　　海豹小鎮這幾天都是吹南風，去程是順風，輕鬆愜意，回程苦難就來了，大逆風及側風夾雜；中午出發，將近晚上八點才回到營區。Illugastadir 只有一戶人家，這裡附設露營區，但設備只有一間附有廁所和半露天的調理桌的小木屋，一個人一個晚上是一千元冰島幣，自行投入畫有海豹圖案的木盒裡。

　　單車就停在營區的廁所前，要穿過當地人的莊園再步行一段路，才能抵達觀賞海豹的地點。路的盡頭又是一座小木屋，裡頭貼心地放了兩個望遠鏡供人使用。海豹就躺在對面的礁石上隔海相望，成群的海豹如同白色點點一樣的渺小。

　　我有備而來，帶了 75-300mm 的望遠變焦鏡，連腳架都扛進來，可惜海風實在太強，腳架也派不上用場，只好躲在小木屋裡隔著玻璃拍照。

來了好幾組遊客，每一個的人相機都是比大台的，鏡頭是一個比一個還要粗。紅色圈的 L 鏡只是標準配備，有些人連小白都用上了；來冰島一個多月，見怪不怪。

動物園裡豢養的海豹看過幾次，尤其是旭山動物園的海豹館，印象最深刻：三百六十度的景觀設計，海豹會在遊客的頭頂、腳邊穿梭自如。野生的海豹還真的是頭一次看到，就這樣大刺刺的擺在我們眼前，四腳朝天，露出白皙的腹部跟屁股。有時伸伸懶腰，還會擺動短到不能再短的前肢尾鰭搔搔癢。我不禁竊笑，這麼短的鰭是要搔哪裡？還是它在跟我們打招呼呢？

我們一回到停放單車的小木屋，天空就下起了大雨，我們拿出早上採買的餅乾，一邊吃下午茶一邊等雨停。所幸這場雨來得快去得也快，不到半小時就停了，身後還出現了一百八十度的大彩虹。而這大彩虹也消逝得很快，拍不到幾張照，就慢慢從邊緣處褪色變淡了。「If you don't like the weather, just wait five minutes.」歡迎來到冰島。

海豹四腳朝天，露出白皙的腹部跟屁股。

有一天我們將會回來

我們騎著車前往山丘上的珍珠樓。

現在的我正在首都雷克雅維克的珍珠樓（Perlan）裡，眺望著飛機俯入層層烏雲裡，往未知的遠方飛去，一邊遙想這一個月半來在冰島的酸甜苦辣。

有別於其他旅客匆匆地走上樓頂，對著白雪皚皚雪山下的首都盡情拍照，隨意走完一圈紀念品區，然後又匆匆地離開。我們則是點了兩杯咖啡，並找了玻璃窗邊的位子坐下來，靜靜地欣賞眼前美好的這一切，享受在冰島的最後一刻。除了我們以外，其他位子上都是冰島的當地人，這是單車旅人獨享的悠閒時光。

哈爾格林姆教堂。

雷克雅維克一隅。

後天一大早，我們將坐上飛機離開依依不捨的冰島。我說離家的路只剩一天了，而 Jessie 卻說：「還有一天。」她想家了，想念台灣的一切。

我的對面坐了祖孫三人，是一個奶奶帶著兩個小朋友，較小的妹妹大約是學齡前的年紀，坐在幼兒座椅上，白髮慈祥的老奶奶橫拿著智慧型手機，讓小妹妹與遠方的媽媽視訊，透過無遠弗屆的科技，距離天涯咫尺。切斷電話前，小妹妹對著螢幕做出親吻的動作。有趣的是，冰島的小朋友也是喊著「媽媽，阿嬤」，在地球的另一端，我們的語言是如此的相似。

思緒回到幾天前。

我們離開海豹小鎮，坐上了往首都的巴士，晚上接近八點，抵達雷克雅維克，啟程一個多月後，我們又回到了這裡。首都的天氣依舊很差，下著大雨，我們趕緊躲進終點站旁的 Netto 超市，吃過了晚餐，我們換上了全副的雨具驅車前往幾公里外的露營區；可惜的是，營區在九月二十八日已經關閉，我們抵達時，只剩一間多功能廁所還有開放。交誼廳也鎖住了，隔著玻璃窗看去，裡面顯得凌亂不堪，我們挨在充當晒衣間的屋簷下褪去濕淋淋的衣物，發著抖克難吃著速食麵吐司果腹。

這一晚睡得不是很安穩，一如往常的風雨交加；一如往常的帳篷淹水了；一如往常的漫漫長夜。隔天一早隨意收拾完行李，我們就轉戰隔壁一直很捨不得住的青年旅社，旅途已到了尾聲，哥想好好睡上幾天了。我先是訂了一個晚上，結完帳沒多久，我又回到櫃檯再訂了兩晚，我們一次用掉了三次求救的機會。

我在營區裡看見了和 Eric 很相似的帳篷、單車，甚至連馬鞍袋都一樣，經過時我就想，這些裝備跟 Eric 的好像啊！甚至在青旅的客廳裡，還有一個熟悉的長髮身影在裡頭晃來晃去的；那時我不以為意，並沒有多做聯想，直覺 Eric 現在應該還在格林蘭工作，拍攝因紐特獵人才對。

回到房間放完行李，洗過澡後，我繼續在青旅裡巡視環境，探探一樓的交誼廳有哪些設備，看看其他旅人在做什麼，再走到外頭閒逛。青旅的後面，左右各有一個別館，是專給旅人自炊的餐廳，裡頭設備一應俱全：電爐、烤麵包機、咖啡機、熱水壺、冰箱，連鍋碗瓢盆餐具都有。冰箱裡、櫃子上放了許多自行取用的食物及調味粉，這些都是之前旅人帶不走而留下來的。

珍珠樓遠眺雷克雅維克。

走過了庭院，就是營區，彩色的帳篷三三兩兩的散落在翠綠的草地上，昨晚淋著雨摸黑抵達的恐怖營區，如今是如此的祥和安靜。

　　我回到溫暖的旅社裡頭，這個長髮身影的主人突然轉過頭呼聲喚我，沒想到還真的是 Eric，我們喜出望外，一切是如此的不期而遇。

　　Eric 是來自香港的車友，受雜誌社邀請來冰島攝影撰寫文章。單車是在這裡租的，完全沒騎乘經驗的他，一見到我們又直喊屁股痛死了，聽到這我們都不禁哈哈大笑。我們一共遇見了四次，第一次偶遇是在 Þingvellir 的露營區。在這面積是台灣三、四倍大的極北孤島，遇到說著相同語言的單車旅人，還是有說不出的家鄉情感在；人與人之間巧妙的連結，讓我不禁想到環北海道時遇到的朋幸。

　　天氣不穩定的關係，他提早回到雷克雅維克，只在格陵蘭待了兩天，昨天剛回來這裡，後天就要再搭上飛機離開冰島，接著是年底的尼泊爾行程。晚上，我們簡單吃個飯，吃的是 Bonus 買回來的食材，聊聊彼此的近況，離別前他說：「之後在台灣見吧！」

香港車友 Eric。

這幾天倒沒發生特別的事，只有到市區閒逛了一下，買了一些要帶回台灣的紀念品，晚上繼續窩在青旅裡上網。十月三日的凌晨，冰島平地下起了今年第一場初雪，早上起床時，地上都是薄薄一層的碎冰，路上都是結了霜的花花草草樹木。

我們騎著車前往山丘上的珍珠樓，遠眺雷克雅維克的市街，市街後頭是白雪皚皚的山脈。我們點了兩杯咖啡，找了位子坐下，靜靜地看著其他遊客來來往往，享受這難得偷閒，漫無目的的一刻。一想到兩天後的我們，即將離開這裡，我們的心情是百感交集。一個月半過去，時間過得飛快，計畫超過一年的冰島行即將在此落幕；回首來時的腳步，彷彿昨天才下飛機，踏上冰島的土地，一切是如此的依依不捨。

早上，透過神通廣大的 Facebook，認識了一個剛從非洲旅行回來的車友；巧的是他也住在新店，離我住的地方，騎單車不用二十分鐘。健談熱心的他，剛環遊世界完回到台灣，正在閉關寫作整理照片，我在線上向他請教一些非洲簽證的問題，並約好回台後再找他喝個咖啡聊聊天──最快，今年底就要出發了，只剩兩個月不到的時間可以準備。

離開了珍珠樓，我們繼續騎著單車沿著港邊，繞行市區一圈，再走過維京船、Harpa、假日的跳蚤市場、柯林頓的熱狗攤，這些我們剛到冰島時，在地的華人朋友 Cindy 帶我們簡單繞過的景點。

我們又回到剛下機場巴士，抵達的 Hlemmur 巴士站，拍照留念；抵達冰島的第一天，因為搞丟了外套，只好穿著薄長袖無助地站在冷風中瑟瑟發抖的往事，歷歷在目。

一個多月前，我還在煩惱，離開了台北該何去何從。在冰島旅行的途中，我想起那個蟄伏已久的環球夢。如今，才剛要結束冰島行，我又即將再度啟程；Jessie 笑我心猿意馬，人還沒離開冰島，就在查非洲要去的景點，在安排簽證的事情。

望著這趟冰島行走來的一切，雖然過程中有些小插曲，有些景點不得已放棄。然而人生總有缺憾，那些不完美的旅程，卻也讓我們自身更加完整。我想有一天，我們還是會再回到這令人又愛又恨的冰島，繼續未完的旅行；那些不得已錯過的景點、那些美中不足的遺憾，就把它深藏在心底，讓思念轉化成跨出那第一步的動力，將希望放在未來，有一天，我們將會回來。

　　看到了光彩奪目的斑斕極光，也確定了接下來要去的方向，一切足已，可以爽快地回家了。我在冰島的紀念品店買了一份刮刮樂版本的世界地圖，可以紀錄旅行過的國家，很有紀念意義；雖然台灣也可以買得到，但是從冰島帶回去，總有特別的情感。刮完了冰島，接下來要刮非洲了。那麼，我要回去了，下一個目的地是黑色大陸，從埃及開羅到世界盡頭的好望角，一路往南。

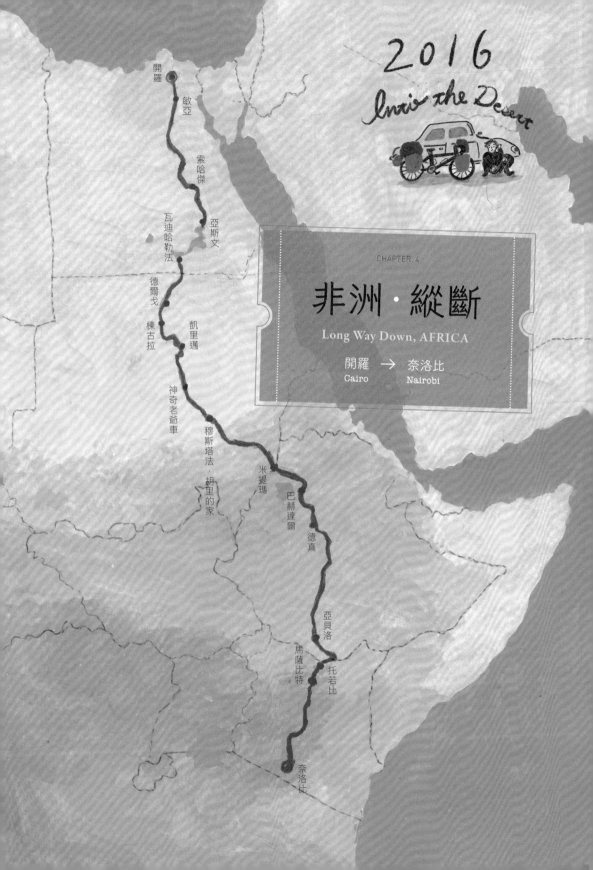

2016
Into the Desert

開羅

敏亞

索哈傑

亞斯文

瓦迪哈勒法

德爾戈

棟古拉

凱里邁

神奇老老爺車

穆斯塔法·胡里的家

米提瑪

巴赫達爾

德真

亞貝洛

馬薩比特

托若比

奈洛比

CHAPTER. 4

非洲·縱斷

Long Way Down, AFRICA

開羅 → 奈洛比
Cairo　　Nairobi

卡夫拉金字塔。

歡迎光臨，開羅

2016
一月 JANUARY

埃及 EGYPT

EXCHANGE RATE
匯率 4

　　經過十幾個小時的舟車勞頓，我們在二〇一六年一月二十日的早上九點半抵達埃及的開羅國際機場。開羅機場非常非常的大，光是在跑道上滑行到定位就花了十幾分鐘。一下飛機，跨出了非洲大陸的第一步，除了波濤洶湧的內心外，同時我告訴自己，這或許是這輩子唯一一次機會來到這裡，下一次不知何年何月。

剛到開羅還搞不清楚狀況，傻傻的就排進了進海關的隊伍，像是戒慎恐懼的小老鼠般四處張望；還不知道怎麼處理簽證的事情，看著隊伍前面的人不斷地被揮手叫去隔壁的銀行櫃台，我們終於搞懂怎麼一回事了：原來，埃及的進關非常的簡單，先到海關旁的銀行櫃檯買一張二十五美元的簽證貼紙，再走去海關蓋章貼貼紙即可。

趁著在香港轉機時，我瀏覽了背包客棧上的埃及旅遊資訊，不看還好，越看我越膽顫心驚，心裡頭一直皮皮挫，一直告訴自己「鎮、鎮、鎮、定，要鎮定。」總結大家的評語，印度跟開羅可以算是背包客流浪世界的最終大魔王關卡。幸好，看起來都只是小小的拐騙，還不致於偷、搶，甚至人身安全。

我們住的旅館，只要預定三晚以上，就附贈免費的機場接送；司機是一位年輕人，因為他的護送，我們很順利就抵達旅館的門口。誠如我剛才所說的那樣，我們也看到了開羅人很有趣的一面，沿路上不斷的有人狂奔帶殺聲衝過來要幫我們搬行李順便要小費。

行李轉盤旁的機場員工、機場停車場的清潔人員、機場外頭看熱鬧的鄉民們——最好笑的是當我們扛著大紙箱要進旅館的電梯時，一個老兄立馬箭步追了上來要盡微薄之力，輕輕的將大紙箱碰進了電梯後就開始要小費，甚至還用腳抵著電梯門不讓我們走，非常的有敬業精神。我們面帶微笑，很堅決的說「不」，最後老兄才無可奈何地放我們離開。

我們後來給了機場外停車場的清潔人員兩美元，因為他演得最努力：把兩個大箱車扛到汽車頂上的行李架。付錢的時候，其他兩個拿著掃帚在旁邊看的清潔人員也過來湊熱鬧，見者都有份。

而這還不是今天最有趣的地方，不，應該說是這輩子最有趣的事情——我竟然忘了帶我歷久彌堅的 Brooks 真皮坐墊！這簡直比在台灣參加武嶺挑戰賽，千里迢迢開車到了埔里中心碑時才發現忘了帶前輪還要蠢一百倍。幸好，從機場來的路上就經過了捷安特，還不算太慘，不幸中的大幸。一邊蹲在電梯前的走廊上組車，一邊腦海中不停的倒帶，到底是在哪個環節出了錯？座椅是放到哪裡去了？

刮除積了好幾天的鬍渣，痛快的洗完澡後，我們就到開羅市街上到處晃晃。開羅的房子都是土黃色的，有幾分神似但沒有像印度新德里那樣，如同二次大戰剛結束般的斷垣殘壁。到處高樓公寓林立，屋頂上滿滿的大小耳朵，雜亂的天線

覆蓋整個天空，牆壁上是精美的異國文字浮雕裝飾，有些還帶有星星及弦月的圖案。

　　途中，開羅市區下起了滂薄的驟雨，我們躲在屋簷下，看著街道上的市民狼狽逃命。有些年輕人很開心的在路上奔跑，好像這輩子從來沒看過雨似的。繁忙的街道上，如同平民露天交響樂的汽車喇叭聲此起彼落，這裡的紅綠燈跟斑馬線都是裝飾用的，要穿過馬路只能自求多福，得混在當地人裡頭向對面街道衝去。

　　一開始還沒掌握開羅的呼吸步調，好幾次我們無奈地停在馬路中間，看著其他人簡直是「不可能的任務」般迎刃有餘穿過車水馬龍的街道；心想：「哇！這樣也走得過去！」跟鯊魚一起游泳也沒這麼刺激，幸好我們很快地就進入狀況，看著其他人衝，我們也跟著衝。

　　路的盡頭突然傳來驚天動地的警笛聲，依照台灣經驗，應該是救護車要來了。趕緊閃到旁邊去，眼看警笛聲越來越近，心情就像「千呼萬喚始出來」般的興奮期待，結果出現的是三輛掛滿鐵絲網的裝甲車；縫隙裡頭是好幾副銳利的雙眼，手挂著（應該是）土黃色柄的 AK-47 步槍。

　　馬路上到處都是蛇籠、鐵絲網、拒馬，全副武裝的軍人就挨在及肩高的盾牌車後面。看到如此大的陣仗，令人不由得捏了一把冷汗，心裡頭不自覺浮現「好像來到個不得了的地方！」但是，身旁的開羅人依舊泰然自若，從容地穿越車流，

喇叭聲依舊鋪天蓋地，一副很違和的樣子。

我只輕裝帶了 iPhone 出門，連相機都留在旅館裡，裝護照的小腰包就掛在外套裡頭，今天目標是先熟悉環境。繞了一個下午，實在餓的受不了，就找了一間人潮最多的餐廳吃飯。外頭的櫃檯是負責結帳的，付了錢拿著明細再走到樓下。樓下的光景看了不由得倒退三步，一大群人擠在內場櫃檯前，每一個人都是伸長了拿著明細的手臂；嘴裡喊著聽不懂的語言，似乎在說：「先做我的單，趕快做我的單，我等了很久，你這個眼神輕蔑的傢伙！」

是戰後在搶著救援物資嗎？一邊這樣想，一邊我也加入戰局衝鋒陷陣，但是我只敢把手伸一半，什麼都不敢說；我還在了解開羅的遊戲規則。我被推到這邊，又被擠到那邊，就好像瘋狂的信徒在搶頭香似的，折騰了好一會兒，終於拿到我點的烤半雞飯附帶烤餅、辣醬、沙拉套餐，這一餐是二十九點五埃及鎊，匯率一比四，大約台幣一百二十元，物價比台灣便宜一點點。

後來無意間找到了捷安特車店，裡面擺的是平價公路車、登山車及小童車。普通的座椅換算下來，比台灣貴一些些，不管如何，至少我不用騎著「修女的單車」一路抽車到好望角了。

一切萬幸。

獅身人面像。

護駕！如影隨形

清晨的埃及總是煙霧朦朧。

雖然，早知道會有這一天，但沒想到來得這麼快。該怎麼說才好呢？總之今天我們被「護駕」了。

啟程第二天，今天的目的地是一百二十公里外的敏亞（Al Minya），大約五十公里後，在一個檢查哨我們被警察攔了下來。抵達埃及的第二天，因為對著街道拍照就被帶進了警察總部的這件事，讓我心有餘悸，很擔心接下來會發生什麼事情，於是我趁著警察不注意，趕緊將放在前馬鞍袋上的 GoPro 取下收好，以免節外生枝。沒多久，警察大人們揮揮手，示意我們可以離開——此地不留人，當然快點閃。

心裡才鬆了一口氣，回頭一看，媽呀！一台貨卡就跟在我們後面，打算一路要護送我們到敏亞（Al Minya），我往貨卡裡瞄去，裡頭一共坐了四個人，其中一位手裡還拄著自動步槍。途中經過了一個城鎮，警察大人們交接換班，交給另一個地區警察領著我們繼續前進；碰到了塞車，還會鳴警笛替我們開道，高規格的禮遇讓我們受寵若驚。不僅如此，還帶著我們在大街小巷裡穿梭尋找餐廳住宿，直到確定旅館有空房，才笑容滿面地安心離開。

　　我們很感謝埃及警察為我們做的一切，只是某方面來說，有一些些壓力，而且路邊上廁所時，這麼多人看著，還真是會不好意思。幸好一路上只有小便而已，我還沒想到：如果臨時想大便的話該怎麼辦？希望不會有這一天的來臨。

　　騎車的時候，我就在想，到底警察們一路開車跟著我們這件事，算爽缺呢？還是屎缺呢？夥伴說，應該很爽吧！大家都有說有笑的，坐在後頭那一個年輕人還在低頭看手機。倒是辛苦開車的駕駛了，要配合著我們一路慢慢龜速；還以為開車的是最菜的菜鳥，結果是官階最高的長官，腰間裡還掛著自動手槍。

　　總之，我們協議好，如果前往南部大城亞斯文（Aswan）一路上都有警察護駕的話，也不排除考慮坐火車過去；我實在不希望有這麼多人，盯著我在路邊偷大便。除此之外，一切安好，我還是很喜歡埃及的一切。

埃及的房子都刻意鋼筋裸露，刻意只蓋一半，以免完工後被課稅。

該來的總是太匆匆。

今天有兩個感想：第一屁股超痛的。第二被重重保護起來，倒有些莫名小壓力。新買的坐墊寬度不夠，我必須把屁股夾起來騎車，前幾天疼痛還沒這麼嚴重，今天感覺就來了；每次休息完再跨上車準備上路時特別痛苦，尤其是遇到路面崎嶇顛簸，好幾次震到讓我好想招手坐上警察的保母車。

另一方面，我們才一出城就在檢查哨被攔下，因為護送的長官車輛還沒來，所以我們就坐在盾牌車後面晒晒太陽，一邊看著當地人來來往往。等不到一小時，保母車就出現了，今天的規格更高，前面二十公里是一台車在前面開路，另一台在後頭押後，一百二十公里的路程，換班的次數達五次之多。

中午在警察的安排下吃路邊小攤，我們一停下來，馬上受到民眾簇擁圍觀，爭相握手拍照，看到警察大人替我們隔開熱情的人群，我突然覺得我們好像是搖滾巨星在跑巡迴演唱會似的，這也算圓了學生時代的搖滾夢吧！

飯後，我的肚子馬上就有感覺了，是那種深層隱隱地疼，要出來不出來地令人煩躁不已。昨天才在說，希望不要有在眾目睽睽下在路邊上大號的窘境發生，結果隔天就犯肚子疼了；該來的總是太匆匆。夥伴說：「到時我會很有義氣地假裝也要去大號，這樣你會感覺自己不是一個人。」後面四十公里的路，我已無法專心騎車，心繫在自己的內憂上。幸好，最後我撐到旅館了。抵達旅館的那一瞬間，心情如釋重負。

　不該來的也躲不過。

第一天被「護駕」的那個晚上，躺上床一闔上眼，警察貨卡的緩慢「哺、哺、哺、哺」的引擎聲彷彿地猶然在耳，餘音繞梁──沒想到我竟然出現幻聽了！

因為走錯路的關係，我們不小心繞到小路，正因如此沿途的檢查哨非常的少，我們終於可以喘一口氣，悠悠哉哉的騎車看風景。警力層層戒備下，讓我們有些不適應，連下車拍照、上廁所都不好意思開口詢問，巨星的包袱總是令人感到沉重。但是！人生就是這個「但是」！三十幾公里後，警車竟然又找到我們，尾行在後──到底是從哪冒出來的呢？該不會一整個上午都在找我們吧？我開始很佩服他們的敬業精神。

中午我們在一組警察的安排下，走進路旁一間不是很起眼的餐廳，裡面賣的通心粉卻讓我十分驚訝，味道出奇的好，過了幾天瀏覽照片時，再想起來還是會

忍不住流口水。通常當地警察帶我們去的餐廳，東西都蠻好吃的，就像遠道的朋友來，我們都會帶去不是很有名氣，但味道很好的在地小店吃飯一樣。後來想想，雖然有點小壓力，似乎有警察陪同，倒也不算是壞事一件。

飯後我們走出餐廳，帶著步槍的阿兵哥要我們等一下，還問我們想不想喝茶。他用阿拉伯語說了一些理由，但是我們有聽沒有懂，糊里糊塗就跟著他走到對面的茶館，赫然發現帶著帥氣雷朋款式墨鏡蓄著鬍的長官正悠閒地抽著水煙吞雲吐霧，原來是這麼一回事啊！我不禁在心裡頭偷偷竊笑。

我們圍著桌子團團坐著啜飲紅茶，長官大口大口吸著水煙，玻璃瓶裡的水不斷咕嚕咕嚕的冒泡，對面的阿兵哥環抱著自動步槍一派輕鬆地與長官搭話，一整個就是超現實的畫面，實在是讓我好想拿出相機把眼前的畫面給紀錄下來，但是我不知道會不會又被帶進小房間重重檢查，內心裡超級掙扎的，這時候我突然好想要電影《不可能的任務》裡，眨眨眼就能拍照的視網膜相機，真的是超想要的啦！

後來長官分了我一口水煙試試，味道出乎意料的淡，不知道是不是吸得不夠大口的關係，至少也算完成了在埃及其中一個體驗。只是吸了一口，我就感到頭昏眼花，一旁的長官歪著頭狐疑地問我「What？」，我把雙手扶在耳朵旁，做出搖頭晃腦的動作，大家都笑了，心領神會出我已頭腦發脹暈車了。

埃及隨處可見上個世紀的賓士車，就算是大貨車也要繪上賓士圖案應景。

埃及到處可見的水煙管。

一碟碟的煙草。

追甘蔗的孩子

追甘蔗的孩子。

夥 伴跟我說：「大部分的旅行者都是沿著紅海海岸，一路騎到亞斯文（Aswan）。」但是他不會後悔走尼羅河右岸這條路，因為沿路的埃及人民是如此的友善熱情。

「Welcome to Egypt！」、「Welcome！Welcome！」、「What's your name？」是我們沿路上最常聽到的話語，此起彼落，有時還會有熱情小孩在身旁奔跑；嘟嘟車司機們（也是小孩或是青少年在駕駛）會熱烈地夾道歡迎，甚至是隔著河伸直了雙手，殷勤地與我們揮手致意。

　　尼羅河右岸，是一望無際的甘蔗園，從索哈傑（Sohag）到路克索（Luxor）這一段路，連綿兩百公里，載著滿滿一車甘蔗的拖拉機、卡車在路上來回穿梭奔馳。看到了小火車拖著好幾節滿載而歸的車廂在甘蔗園旁緩緩移動，讓我想起了很小很小的時候，從高雄風塵僕僕坐列車到桃園時的飄渺片段記憶；往列車窗外望去，接近三十年前的高雄，沿途也是一望無際的甘蔗田，不知道這樣的景色是否依舊存在在今日，亦或是停留在人們的回憶裡頭。

　　我們在一個檢查哨坐著休息，一個小孩拿著一根白綠色桿子過來，很熟練地用膝蓋折斷桿子，分成兩段示意要給我們；我們一時會意不過來，摸不著頭緒到底是什麼東西。環顧鎮上的每一個人，大家都有志一同地用嘴撕著外皮啃桿子——搞了半天，原來是甘蔗啊！

　　但是，到底要怎麼吃呢？還真的沒啃過帶皮的甘蔗。一旁的阿兵哥看我們對著甘蔗苦笑，面面相覷，很熱心的抓起夥伴手中的甘蔗；熟練地用牙齒將甘蔗剝皮，再「督」還給我們，服務非常的周到。

　　一開始還抓不到撕皮的訣竅，甘蔗汁滴得到處都是，雙手也是黏糊糊的；啃了好幾隻後，再偷偷觀察其他在地人是怎麼啃的，突然豁然開朗：原來是要先側

著甘蔗對著節咬一口，再順著外皮的紋理撕下來，其他的部分再比照辦理。至於用膝蓋折甘蔗也是有技巧，對著甘蔗的中間折，甘蔗汁會滴滿地，剪不斷理還亂；巧妙地施力在節的位置，甘蔗「啪」地應聲斷裂。

一抓到訣竅心法，果然步調順了很多，不知不覺地上就多了很多甘蔗皮跟甘蔗渣，甘蔗真是令人容易上癮，停都停不住。有趣的是，這些甘蔗怎麼來的呢？答案是從經過的甘蔗車上拔下來的。不只是小孩子樂在其中，連大人也跟在甘蔗車後頭「拔」甘蔗；見到拖拉機、貨車緩緩接近，大家都共襄盛舉的一擁而上拔甘蔗，我們不禁對眼前的一切感到嘖嘖稱奇。

我想起了一本以前看過的書《追風箏的孩子》我默默地在心中認為：阿富汗追風箏的孩子，跟埃及追甘蔗的孩子，這兩者有著異曲同工之妙。

旅人手記

開羅街道幾乎看不到外國遊客，遊客只集中在吉薩金字塔區及開羅博物館內。正因如此，沿途的當地人相當友善純樸。而來自世界各地的遊客，幾乎都聚集在南部的路克索及亞斯文。路克索號稱世界上最雄偉的戶外博物館。我們一共在路克索待了三天，參加東岸半日遊、西岸半日遊，以及熱氣球等三個行程。

如果想要三個願望一次滿足的話，可以早上五點出門參加熱氣球，八點回到旅館跑西岸一日遊，下午三點再跑東岸。我們則是每天只排一件行程，其他時間就慵懶地消磨時光，養精蓄銳，或是到街上晃晃吃飯，順便去見識見識人家所說的埃及騙術。我們遊歷了卡納克神殿、路克索神殿、門農巨像、哈布城、哈斯普蘇女王大殿、帝王谷，以及熱氣球看日出，嘆為觀止的古文明遺跡，令人印象深刻。

還沒離開，就已想念。

巨大的卡納克神殿柱。

哈布城的浮雕壁畫。

路克索神殿的拉美西斯二世坐像。

哈斯普蘇女王大殿。

追熱氣球的單車少年。

邊境奧斯卡影帝

我走上甲板欣賞尼羅河的日落。

從埃及前往蘇丹，大部分的單車旅人都是選擇從亞斯文坐船。雖然也有巴士陸進的選擇，但一想到要將大包小包的莎莉搬進公車裡還要再搬下車，一個頭就兩個大，寧願多花些錢也不想自找罪受。

運補船一週一次，每週日從埃及的亞斯文出發，隔週二從蘇丹的瓦迪哈勒法（Wadi Halfa）回程。雙人房的一等艙，一人是三百七十五埃及鎊；而二等房是兩百二十五埃及鎊：就是自己在椅子或是甲板上隨便找一個位子，鋪睡墊裹睡袋，先到先贏先占位。在網路預覽過甲板上盛

況空前熱鬧滾滾的照片後，我決定多花錢選一等艙，要跟一大堆運補貨物擠甲板實在太痛苦了。

一早，我們離開住了五天的 Noorhan 旅館，一路往南騎，目標是十六公里外的渡船關口。一抵達關口，不等我們將單車停好，就有換錢小販向我們接近，問我們需不需要換錢。埃及鎊兌蘇丹鎊開價一比一兌換，而美金兌蘇丹鎊則是報一比九。與官方相比，黑市的匯率好太多了。

通常這是在匯率波動很大的國家的特有現象，人民普遍對自己國家的貨幣信心不足，寧願換成美金等強勢貨幣，夥伴說在智利也是這樣；第一次聽到，不禁讓我嘖嘖稱奇。一邊等著海關通行，我們就跟換錢小販討價還價，享受這很歡樂的過程。接著我想到了石田裕輔書中也提到他在非洲騎車旅行時，同伴在黑市換錢，以為換到了很厲害的匯率，結果卻拿到好幾張假鈔的故事。

國外的提款卡是不能在蘇丹境內提領，出發前要帶一些美金現鈔以備不時之需。我前一天有事先查背包客棧，得知黑市美金換蘇丹鎊大約是一比九，再加上最近美金強勢，漲得一塌糊塗，於是我就很大膽的開價：一美金換十一蘇丹鎊。

起初對方當然不肯接受，直嚷著：「官方匯率才六塊左右而已！」他給九塊算是很阿沙力的。抱著就算沒換到錢也沒差的心態，反正到了瓦迪哈勒法，一堆小販搶著要換美金，我只是想要享受這討價還價的過程。於是，我直踩著底線，吃了秤砣鐵了心要換到十一塊。

小販慢慢地從九塊讓步到十塊，又退到十塊五，中途離開我們好幾次，去找其他遊客攀談，過一會兒又跑來試探我們；但是我都不為所動，在入關的最後一刻，他總算願意放到十一塊成交。看他從滿滿一疊蘇丹鎊，都被我們換到剩沒幾張紙鈔，而且還笑得很開心主動問我要不要拍照，這筆生意應該還算是賓主盡歡吧。

關口在早上九點開放，柵欄口早已排滿運補家電到蘇丹的大小推車，幸好外國人有專門的通道，不用跟瘋狂跑單幫搶頭香人擠人；光是檢查行李、護照、船票、辦理埃及出境就花了不少時間，而我的莎莉連行李一共是六十公斤，扛上船都快去了半條命。

總之，等到安穩地躺在船艙裡，已經接近中午十二點，接下來依舊是瘋狂跑單幫民眾的表演時間；搏命演出將各種大小家電扛上船裡：雙人大床墊、直立式洗衣機、液晶電視，比搬運工高一個頭的單門大冰箱，玲瑯滿目，應有盡有。一直到了下午三點運補船才依依不捨地緩緩離開港邊。

擔心失守於接下來的風浪，一上船，我馬上就趕緊像塊木頭直挺挺地躺平嚴陣以待，幸好尼羅河的風浪不大，甚至連開船了都很難察覺到。

傍晚時分，我帶著相機走上甲板欣賞尼羅河的日落。炫麗奪目的夕陽將西邊的天空熨染得火紅，我輕閉著眼睛享受清涼的微風吹拂；微波蕩漾，引擎聲、鳴笛響，以及令人頭暈發脹的柴油氣味，熟悉且懷念的感覺油然而生，不知不覺離開海洋界，已經是第六年了。雖然這趟旅程結束後，往後人生又將走向另一個截然不同的道路，一切又將歸零，重新開始學習；但是我的內心卻感到如此的平靜及滿足，沒有不安、徬徨、猶豫，彷彿此時此刻的我，本來就應該在這裡。

Into The Desert

新的開始

2016
二月 FEBRUARY

蘇丹 Republic of the SUDAN

EXCHANGE RATE
官方匯率 5.3；黑市匯率 2.94

我們在蘇丹時間早上九點靠港，
一夜安穩好眠，尼羅河的風浪似乎沒
有想像中的恐怖，一切多心了。

大約早上五點，運補船經過了尚
未天明的阿布辛貝神殿；而我還賴在
床上，沒有依原訂計畫爬起來隔著海
遠望阿布辛貝神殿。一下放到陸地，

225

就好像是另一趟新的旅程開始了，心中不由得對接下來未知的旅程感到興奮緊張；心情如同劉姥姥逛大觀園。

不同的時區（蘇丹快埃及一個小時）、不同貨幣、不同顏色的警察制服、不同膚色的人種，唯一相同的是：仍然摸不著頭緒的阿拉伯語言及文字。我們在埃及待了快一個月，唯一學會的是阿拉伯文數字一到十。夥伴說每次到了一個新國家，就好像先前累積的經驗值都歸零了，要重新學習語言、文字、貨幣匯率，以及當地的風土民情；這是跨國單車流浪者特有的惆悵感。

走出海關，一望無際的沙漠「啪！」的一聲在眼前張開，視野無限延伸到地平線的那一端，不禁讓我聯想到「不去會死」書的封面。雖然仍看不見這趟旅程的終點——世界的盡頭；雖然在世界地圖上仍像小螞蟻般的緩慢移動，但無庸置疑的，我們一天比一天更加接近彼端。

入境蘇丹三天內要先到警察局辦理外國人登記（Foreign Register），甚至出境時邊防官也會檢查登記與否，於是我們先去五公里外的瓦迪哈勒法的警察局辦理登記。從這個辦公室到下一個辦公室；從另一個小房間又回到了原來的小房間，付過了三百七十蘇丹鎊，折騰了一個半小時，終於得到了一張貼在護照上的登記貼紙。

離開了警察局，接下來就是最重要的手機 SIM 卡，這個倒是相當好解決，街上到處看得到賣手機的小通訊行，輕鬆搞定上網的事情。我們辦的是 MTN 的行動上網，一張 SIM 卡是十蘇丹鎊；蘇丹有一個很好玩的地方就是手機上網都是吃到飽的，價位的高低則是取決於不同速度的方案，還分一日份、一週份及一月份。實在很難意會到底表格上寫的 8Mbps 到底算慢還是算快，就硬著頭皮選了近八十埃及鎊的 Golden Monthly 方案；幸好選了這一個，連線速度大約比在埃及的 3G 網路再慢一些，不管如何，我們又和文明世界重新連上線。

我們在街上找到了一家外牆漆成粉紅色的旅館。洗去身上的風塵後，到街上逛逛吃中餐，下午傍晚時刻，旅館無預警地停電了，走出旅館，只有我們這一側的房子在停電。想說停電什麼事也不能做，又跑到街上去晃晃，順便吃晚餐，回來時旅館已恢復供電。

明天是全新的開始，不同的挑戰。Into The Desert.

Lokanda 鐵皮小屋

任憑沙漠的熱風領著我們一路南下。

離開瓦迪哈勒法又是一望無際的黃土沙漠,一百五十五公里的路只經過兩個小聚落,剩下的都是兼作餐廳茶館的鐵皮小店 Lokanda。

我們在清晨七點出發,城市的街燈依舊亮著,一輪紅日倚在山丘後頭。在沙漠裡騎車非常的安靜,好像靜到會發鳴似的,來往的車輛寥寥無幾,只有帶著輕砂的風吹過的聲音及腳下傳來的鏈條唭唭聲伴隨。一路上我想了很多事情,包括在這趟旅行,我能為別人做什麼,以及回台灣之後的人生規劃。

加上順風的因素，時速一度達到三十幾公里，不知不覺中，碼錶上的里程累積飛快，等回過神時已超過一百公里。有別於埃及夾道歡迎的熱情村落，我還是比較喜歡沙漠的寂靜，這是跟自己獨處的最佳機會，審視自己很多事情；一度我很想像電影《英雄本色》裡的梅爾‧吉勃遜那樣大叫：「Freedom!」此刻我感到身體跟心靈都是自由的。我像翱翔的老鷹那樣張開了雙臂，任沙漠的熱風領著我們一路南下。

　　我們今天採取各走各的方式，相約在九十公里處的補給點會合，如此一來，彼此更可以順著自己的步調緩緩前進；我一看見喜歡的畫面就停下來拍照，今天拍了不少好照片。

　　中午在一家鐵皮小店吃飯休息，氣溫高達三十七度，狂風吹得小屋嘎嘎作響，幸好我們是由北往南騎，強勁的東北風領著我們一路南下，暢行無阻。

　　里程達到一百五十五公里時，經過了一整排沿著尼羅河的土黃色矮民房，對向鐵皮屋穿著白長袍白髮的老闆大喊著：「歡迎！」於是我們驅車靠過去；原來是一家兼作餐廳、水煙茶館、雜貨店，以及床位的複合式店家，夥伴說這個在蘇丹很常見，叫 Lokanda。

Lokanda 的床位一個才五塊錢。

我們決定住下來，一個床位才五塊，幹嘛還要野營生火搭帳篷呢？我們拉了椅子坐在外頭吹風看日落，有種活著真好的感覺。老闆的小女兒，還特地走過來向我們打招呼握手。夥伴說我的手臂已經晒到跟當地努比亞人一樣了，我說這是入境隨俗的保護色。

入夜後這裡變得熱鬧許多，街坊鄰居都窩在這裡看電視，看的是阿拉伯發音的印度古裝八點檔。晚餐也是在這裡解決，吃的跟中午一樣：燉豆子、煎蛋、佐檸檬汁番茄拌洋蔥沙拉，就湊合著餅子吃；飯後再來一杯薄荷紅茶，夫復何求。

夜裡的星星很漂亮，獵戶座腰間的三顆星星依舊清晰好認，我喜歡寂靜的沙漠，我喜歡這裡的 Lokanda 鐵皮小屋；明天繼續一路向南。

🚲 牧羊少年的星空
SECTION.01

我舒服地躺在沙地上，吹著清涼的夜風，仰望星空。身後是廢棄的休息站，視野的正前方是斗大的上弦月，再過五天將是十五滿月。我打開了手機的觀星app，抬頭仰望眼前的星空做對照：月亮的左邊是獵戶座，右邊是御夫座，下方是金牛座，上方則是雙子座——結論是一整個很不像，真佩服古代人豐富的想像力。

寂靜沙漠、阿拉伯語圍繞、浩瀚星空、廢棄的房子，讓我想到故事書裡的牧羊少年，不知道他看到的星空是否和此時的我眼前是一樣。

今天我們真的是累壞了，騎了三十幾公里的大逆風，還騎到晚上八點天都黑了，最慘的是原計畫住宿點的 Lokanda 竟然歇業了。而下一個可能有人的休息點還要再騎七公里，但是我們已經累癱了，一點也不想再騎車。

廢棄休息站裡只剩半缸的混濁泥水，一整天騎在炎熱如烤的沙漠裡，早已快晒成人乾，新添購的 MSR 濾水器馬上派上用場，裝了滿滿六隻寶特瓶的過濾水。沿途的休息點既稀少又都出現在不對的時機點，中午跟晚上都是吃煮泡麵配罐頭湊合。雖然才進沙漠兩天，但我想洗澡洗衣服了，而我的秀髮早已晒到跟稻草一樣打結糾纏不清。

Lokanda 裡附設小雜貨店。

蘇丹的食物都放在一個大盤子裡。

再痛苦，也要來一隻可樂

不知道是不是前一晚的水有問題，今天的狀況不是很好：肚子翻攪著，還帶著微微的疼，就好像有人在輕輕敲你的門，但力道太輕微了，很難判斷到底是風吹草動，還是真的有人來拜訪。這種坐立難安的感覺真是折騰人，早上一直處在敲敲門的狀態；夥伴的狀況更慘，可能是這幾天太累了，營養又不是很充足所造成。

中午我們在一家茶館休息，喝過茶後，夥伴就到裡頭的床鋪躺下，我則是醞釀了一個早上終於有下落了。這裡的廁所非常有趣，完全沒有門的，而且還是迎著風面；倒是裡頭超級乾淨，便器上沒有任何的殘留物，只有一根通土坑的棍子，棍子上頭有一些蒼蠅在飛舞。另一方面，我突然明白為何這裡的人都穿長袍了，在沒有任何遮蔽物的沙漠裡便便真的是超方便的，至少在這個時間點，身處在這個沒有門的沙漠廁所裡，真的超需要的。

幸好，整個過程都沒有人走過來。

內憂解決了，整個人也餓了起來，走進鐵皮屋跟老闆比手畫腳說要吃飯，中午吃四顆蛋份量的煎蛋配餅子。夥伴的狀況一直沒有很好，躺在裡頭的床鋪上休息，體貼的老闆見了狀就走過來問我：「情況還好嗎？」

「可能是昨天的水有問題，我們吃壞肚子了……」

瞬間老闆笑顏展開，指著地上並踏了一下說：「這裡就是醫院！」然後興沖沖地跑進廚房煮藥草茶給我們喝。

我們在這裡休息了四個多小時，從早上十一點待到下午三點半。喝過了藥草茶，情況有些改善，於是我們繼續前進，沒想到才騎不到十公里，整個症狀變得非常嚴重，全身使不上力來，頻頻作嘔。我感到頭昏腦脹，無法集中意識騎車，光是要讓單車筆直地前進，就相當吃力；我低著頭踩著踏板，一邊很懊悔應該留在茶館休息，多待一天才是，只怪造化弄人，相見恨晚。

疼得受不了了，於是我慢下速度等夥伴跟上，並跟他說：「我好像也不行了。」看來勢必要攔車到目的地棟古拉（Dongola），夥伴提議先到兩公里外的休息站再說。好不容易趕到休息站，結果只是個廢棄的加油站，什麼也沒有，問了隔壁民房的當地人，他說這裡沒有賣可樂。

是的！我第一件事不是問他附近有沒有醫生，而是問有沒有賣可樂；想說都要吐了，吐可樂總是舒服些，這是之前跑研究船的親身經驗。聽到他再一次說這裡什麼都沒有，到下一個休息站還要二十公里時，我整個人簡直要癱軟在地上。

烈日如焚，我身如槁木地坐在柏油路邊，蜷曲在路牌細小的影子下準備攔車。時間就像被停止似的，度日如年。終於有汽車緩緩靠近，我趕緊站起來招手，吸引對方注意。只可惜對方只是來拜訪朋友的，而他的朋友就住在旁邊——就是

我剛剛問他有沒有賣可樂的那一位——昏倒。

　　幸好等沒多久，第二輛車也跟著緩緩接近：是一台迷你小巴。我又對著司機發揮說學逗唱的演戲天分，先是做出吃東西喝水的動作，然後表情猙獰地扶著肚子，做出嘔吐的樣子；告訴他我們不行了，請他載我們到六十幾公里外的棟古拉。司機點了意味深遠的頭，示意他明白了，OK。

　　幾個乘客下來幫忙將車子及行李扛上了迷你小巴的車頂架。坐上了車，我像塊泥似的癱在座椅上，簡直就要和座椅天長地久在一起了。然而，一路上實在渴的受不了了，但我又不好意思叫司機路邊停一下，先讓我買個可樂再說，只好拿出昨天裝的過濾水來喝。仰頭一乾而盡後，吐意就瞬間滿載破表，幸好車子當時正好停下來；司機忙著跟警察報備進城，而我則跪在滾燙的柏油路邊吐得淅瀝嘩啦。

　　最後，司機很有義氣地把我們送到了棟古拉的醫院，迷你小巴直接開進醫院大門，橫插在入口處，單車和行李胡亂地倒在地上。這是我第二次在旅行中被送進了醫院，而且一次還是兩個人——再痛苦，也要來一隻可樂。

老闆笑顏展開說：「這裡就是醫院！」

晴天霹靂

在醫院住了一晚並吊了好幾隻點滴後，我們在棟古拉市街上找到便宜旅館，一間房是五十蘇丹鎊，我們連住了兩晚打算好好休息，等完全康復後再上路。目前的我只要一吃東西，肚子就會有感覺在敲敲門；夥伴的狀況似乎比我更嚴重，總是看他低著頭不發一語。

隔天早上，正當我想跟他討論接下來的行程計畫時，他卻突然說他要回台灣了，頓時我感到晴天霹靂。真的是晴天霹靂，原來古人說的都是真的。

說是突然，倒也未必。剛到開羅時，夥伴就向我透露過他的心情，他說原本旅行的終點就設在葡萄牙羅卡角，非洲對他而言只是番外篇，而且他已經旅行一年半載了，現在的他就像洩了氣的氣球般覺得好累好累。是因為與我約定的關係，才決定走這一遭。我希望他先上了路再說，騎上了車或許心境會有所不同，當時他聽進去了，只是當我提到至少先騎完衣索比亞再說時，他沒有正面回覆這個問題；我明白他的心中還有些疑慮。

這幾天搞到面臨山窮水盡又住進了醫院，生理影響心理，似乎更加深他「該回去了！」的念頭。一想到此，我不禁思考，如果我能早一點察覺他的身體不適，而極力主張馬上攔車，或是直接在茶館休息一天，不繼續騎車前進，結果會不會有所不同。

我的狀況也好不到哪去，一想到接下來未知的旅程，不安、猶豫、徬徨油然而生，尤其是環境最惡劣的衣索比亞，我不禁感到背脊發涼毛骨悚然。

我在線上敲了日本朋友亮桑，告訴他我現在躊躇的心情。他說：「為什麼要猶豫不走下去？這是你自己決定要做的？你不就是想親眼確認非洲的一切？」字裡行間，我清楚感受到他的困惑及疑問，同時也像當頭棒喝一樣，把我重重地敲醒。

「不要忘記你的初衷！」這句話不斷地繚繞在我的腦海裡。

不去會死

日落與努比亞金字塔。

　　早，我送夥伴去搭巴士到喀土穆（Khartoum），但我只有送他到旅館門口，由旅館的人員陪他走去巴士站；我目送他們離開，繼續自己的旅行。我在埃及的亞斯文買了兩隻 Sakara 10% 的啤酒，打算一路背到九百公里外的凱里邁（Karima）的金字塔下，伴著滿月對飲；只是計畫生變，讓我猶豫是否要往凱里邁的方向騎去，還是直接一路往南到首都喀土穆。一想到要獨自面對長達一百八十公里，沒有任何飲水補給又逆風的沙漠公路，我不禁退縮起來；然而一跨上了單車，我還是臨時決定要騎到金字塔。

出了棟古拉後真的什麼都沒有，只有在里程約九十公里處，有一戶養了很多瘦弱小狗的民家，除此之外還有一兩個警察駐紮的哨點。一度大逆風襲來，時速瞬間掉到十公里不到，時間過得越來越緩慢，碼錶上的里程依舊不動聲色，讓我很想就地躺平，剩下的苦痛明天再來承擔；但是看到沿途的荒煙蔓草，我還是不敢多作停留，使勁地用力踩，不想冒著在沙漠裡一個人野營的風險。

幸好中午過後路往南轉，張牙舞爪的大逆風也變成了輕聲呼喚的耳語絮聒。我在傍晚五點順利抵達凱里邁，並穿過市街繼續往郊區移動。離開了柏油馬路，我推著莎莉亦步亦趨地往沙漠中的金字塔邁進。駝了很多行李的莎莉，後輪有一半都是陷在軟沙裡，我必須把整台車往上提高，再往前推進，走一步滑退半步。終於我在日落前到達金字塔下，一輪明月也正從地平線湧現，我如釋重負；望著眼前頹圮的努比亞金字塔群散落在滾滾黃沙之中，不知道書中的牧羊少年在抵達金字塔時，是否有著相同難以言喻的心情。

另一方面，我也想到了曾在滿月下的金字塔紮營的石田裕輔。自從二〇〇七年接觸到《不去會死》這本書以來，九年過去了，如今我也在前往世界盡頭的旅途上；那些書本上才讀得到的風景，如今，我也正在親眼確認這美好的一切。

旅人手記

北自埃及亞斯文，南至蘇丹凱里邁，這一片沿著尼羅河沿岸的地區稱為努比亞 (Nubia)，兩千多年前，曾有一個古老的庫施王國 (Kush) 建立於此，在國力最昌盛之時，曾一度占領了整個埃及。後來埃及人解放成功，庫施王國也退回了努比亞，到最後甚至將首都自凱里邁，南遷到麥羅埃 (Meroe)。

在這個地區，有超過兩百二十個金字塔散落在這片黃澄澄的沙漠裡，與埃及的金字塔相比，努比亞金字塔更小而且更陡峭，也晚了吉薩金字塔兩千多年。最大的努比亞金字塔的底邊不到二十八公尺（埃及古夫金字塔單邊是兩百三十公尺）。即使被聯合國教科文組織登錄為世界遺產，仍舊鮮為人知，又或者說是漠不關心，他們被稱為被遺忘的努比亞金字塔，靜靜地躺在蘇丹沙漠裡。

私房星空旅館

收留我一晚的雜貨店老闆（右一）及兩個兒子跟朋友。

不知道是這幾天趕路太過於操勞，還是感到空虛寂寞覺得冷，睡夢中我又回到了原來熟悉的環境，回到了與人溝通不用再比手畫腳的台灣。夢醒時分，睜開眼時彷彿恍如隔世，頓時之間不知道自己身在何處，這不是我第一次在旅途中想念起台灣，想念起街頭巷尾的便利商店。一覺醒來卻發現自己還在非洲，還在流浪的路上，有一種很虛無飄渺的感覺，或許我開始想家了。

不情願地睜開惺忪的睡眼，眼前是幾顆挺拔聳立的椰棗樹，茂盛的枝葉恣意地向外發散伸展，就像一把大傘覆蓋著整個天空，又像一隻隻巨大的手擁我入睡。於是，清晨的微風帶來了簌簌作響的絮聒，也捎來遠方的思念，使得現實與夢境的界線變得撲朔迷離。良久，我才發現自己還在陌生的異鄉。

　　昨晚，正當我還沉浸在月圓之夜下與迷你可愛的努比亞金字塔拍合照時，一個微弱的燈光晃啊晃的從山腳下遠遠接近，我不以為意繼續臨摹《阿拉斯加之死》劇照封面拍我的《Into The Desert》，等近到可以聽得見腳步的沙沙聲時，一轉頭我才赫然發現：是一個穿著長袍的長者，以及兩個穿著筆挺制服軍人相伴左右，肩上還捎著冷冰冰的自動步槍。原來是這一片淹沒在沙漠裡的金字塔的管理員。我趕緊欠欠身，並將散落一地的行李胡亂地塞入馬鞍袋裡，然後往山腳下的村落倉皇逃離。

　　晚上八點多，路上已無車輛往來，村民消失得無影無蹤，整個村子靜靜地睡去了，只剩昏暗的一排排路燈，以及村子口的雜貨店還醒著。

　　「請問這裡有旅館嗎？」雜貨店微弱的亮光如同守夜人般令人備感安心，我很自然地像飛蛾似的驅車靠近，詢問今晚落腳之處。

　　「這裡沒有旅館，」雜貨店老闆娓娓道出這個讓我失望不已的答案，頓時我感覺到自己雙腳一軟。他先頓了一下，然後像是想到什麼似的又說：「我知道有一個地方可以住。」於是我傻呼呼的跟著他穿過昏暗的蜿蜒小巷，推開青綠色的厚重鐵門後，老闆漾起一抹微笑指著裡頭的庭院說：「這裡有好幾張床，你就選一張喜歡的吧。」

　　我選了一張倚在巨大椰棗樹下的床位，莎莉就靠在我腦袋後頭的牆壁上。仰頭透過椰棗葉的空隙，依舊能窺見漫夜星空及一輪明月高掛，雖然無緣在月圓之夜下與金字塔對飲，然而我卻誤打誤撞地找到了地圖上沒有的私房星空旅館。

　　隔天一早，老闆送來一杯熱呼呼的奶茶及兩片剛烤好的麵包後，便出門去街道上開店了，一直到我整裝離開時，都是由老闆的兩個兒子招呼，大兒子十來歲出頭，國中生的年紀，用黑白相間格子的圍巾包著頭；小兒子大約是五、六歲

的年紀，但不知為什麼不會說話，只能透過他圓滾滾的黑眼珠，露出對我這個陌生人的好奇及善意。

他們帶著我隨意四處參觀，庭院裡擺了好幾張床架，還停了一台白色 Toyota 皮卡，屋子內也擺放了好幾張床，裝飾得美輪美奐，地上鋪上紅色的百花地毯，青綠色的牆面上懸吊著如同印度紗麗高貴典雅的鵝黃色窗簾，玻璃茶几裝飾著白色的鮮花，以及一盤用玻璃盆子裝著的七彩乾果皮及乾樹葉，淡淡的輕甜香繚繞在屋子裡；就連那種常見可堆疊的塑膠靠背椅子，也大費周章地雕飾著鏤空花紋，一看就知道這戶人家家境不錯，而且很講究生活品質。

兩個兒子又帶著我穿過長廊去參觀後院的農舍。枯瘦的雞群在垃圾堆裡啄地覓食，瘦骨嶙峋的白色山羊漫步其中，牆壁的一角是用泥磚加蓋的閣樓，養著十來隻鴿子。

離去前他們送了我一大袋椰棗，我也拿出一袋糖果餅乾互送。上路前還先到路口的雜貨店向老闆道謝，感謝他們一家人熱情的接待。

有時冷水比熱水燙

三叉路口的方尖碑路標。

傍晚時分，我來到一個三叉路口的大圓環，圓環中心是一個仿製的方尖碑路標，上頭篆刻著摸不著頭緒的象形文字，碑的部分底座掩埋在黃沙之中。這裡是一個小到連 Google 地圖上都沒標示的小村落。說是村落，倒不如說是一整排沿著柏油馬路的沙漠市集一條街，供來往的大卡車、遊覽車中途休息或轉運接駁。這裡的物資缺乏，大部分店鋪都是用手臂粗的枯樹幹搭成房子的梁柱骨架，再用晒乾的棕櫚葉和著泥或是塑膠防水布建成遮風避雨的屋頂。

店鋪前會放著一個三角鐵架，掛著一排供風塵僕僕的旅人洗臉、洗

手用的塑膠水瓶，以及飲水用的陶瓦罐；沙漠市集不是經營茶館、小吃店，就是賣著泡麵、罐頭、餅乾，以及瓶裝水的雜貨店。

　　聽路口臨檢的警察說，這裡的加油站有提供免費的住宿，原本還擔心晚上要夜宿沙漠的我，沒想到就這麼簡單地解決了我一路煩惱的住宿問題。即使雙腳已經累得踩不動了，我還是興奮地繼續往前騎，到那個警察口中所說的「神奇加油站」。我先到加油站裡頭探頭探腦，這裡除了附設雜貨店，還有一家規模挺大的餐廳，不僅如此，加油站後頭還真的有一間房子供人住宿，裡頭擺了十幾張上下鋪，猜想應該是給路過拉車的司機們臨時休息的地方。我抵達加油站時，才傍晚六點不到，空蕩蕩的房子裡只有穿著制服的加油站員工躺著休息等著上夜班，於是我選了門口玄關處的一個床位，莎莉就放在我的身旁，讓我備感安心，即使玄關門已老舊到嘎嘎作響無法闔上，夜晚還有陣陣寒風吹入也無所謂。

　　我帶著電腦等輕裝，到一旁的餐廳吃飯，大圓盤裡裝著一盤燉豆子、幾個圓形烤餅、一小盤切片番茄、一盤煎蛋。餐廳老闆教我阿拉伯語的數字一到十，一

沙漠市集一條街。

邊和 Jessie 報備今天發生的事情。蘇丹時差晚台灣六個小時，通常我在傍晚時分結束一天的騎程並找到旅館時，台灣那邊幾乎要半夜十二點，Jessie 也正要休息了，我頂多報個平安；白天趕著累積里程，也只是簡單交代一下，人騎到哪裡了；中午吃了什麼；遇到了什麼有趣的事。大部分想說的話，我都會寫在網誌上，然後第一時間傳給 Jessie 看，或是請 Jessie 校稿講評。

突然其來的肚絞痛，來得又急又快，我匆匆收拾好電腦，往廁所的方向手刀狂奔過去。該來的總是太匆匆，不該來的總是躲不過，偏偏在這個時候，每一間廁所不約而同地都客滿了，就如同「麵包掉到地上時，總是塗滿奶油的那一面著地」，你們該不會是串通好的吧？我跳了又跳，堅守著最後防線。

一整排的廁所，只剩一間門口寫著大大的「Ｘ」的廁所，敲了門沒人回應，小心翼翼地推開門一個小縫，探頭進去裡面還真的沒人，而且一切看起來正常，不像是故障的樣子；顧不得門口貼著「Ｘ」的字條，趕緊衝進去，然後將門牢牢地鎖上。正以為危機解除，鬆了一口氣，一個轉身準備就位時，剛剛緊急插在左胸前口袋的手機，就這樣以阿基米德看了都會驚嘆不已的完美拋物線飛了出去，就好像柏青哥的鋼珠掉進中大獎的洞口似的，哐啷一聲不偏不倚地就掉進了廁所裡唯一一個坑裡。我的心跳漏了一拍，那一剎那，眼前發生的一切就好像慢動作放映似的，時間就像百年般的孤寂及緩慢，進入了「零的領域」，原來時間真的只是幻覺。

「啊──啊──啊──」吶喊聲的回音還在腦海中迴蕩，我就衝上前跪在地上伸手去撈手機。

那個坑足足有一個手臂那麼深，幸好坑裡頭幾乎是乾的，只有手機的底部進了一點點水。我馬上傳訊息跟 Jessie 說：「手機掉到糞坑裡了啦！」

Jessie 還開玩笑地回我：「iPhone 手機真是耐用，先前在冰島的黑沙灘就掉過一次沒摔壞，這次掉進糞坑也沒事……」

才說完沒多久手機就完全不能動了，一直停留在待機畫面，輸入密碼後也跳不進主畫面，連 Touch ID 也不聽使喚，應該是指紋辨識的 home 鍵壞掉了。我感覺整個人好像縮了回去，沒了便意。

過程曲折離奇又一言難盡，心情真的是糟透了，就像洩了氣的氣球欲振乏

力。手機壞了就代表我和原來熟悉的世界之聯繫被硬生生地切斷，離首都還有三百三十公里，也就是說這三天內我將音訊全無，沒有人知道我在什麼地方，就算發生了什麼事也沒人知道，我滿腦子都是 Jessie 遍尋不著我的下落而手足無措的模樣。繼夥伴離開後，我已獨自前進了兩天近三百公里，此時此刻我的心情，就好像被全世界遺忘似的。一瞬間我才明白，雖然我總是選擇一個人獨自旅行，但是某一方面的我，其實是相當害怕孤獨的。

入夜後的沙漠深沉的看不見盡頭，滿夜星空下，只剩這間加油站還點著唯一的燈火。

一早天還沒有亮，我就拍一拍身上的沙塵，離開神奇的加油站。唯一對外聯繫的手機也不小心進了水而無法開機，沒有網路定位，我也不知道我身在何方，唯一知道的只有路邊寫著離首都喀土穆還有多少公里的路牌。我連紙本地圖都沒有帶，太依賴電子化不是件好事。

或許某一方面的我，其實是相當害怕孤獨的。

　　我拚了老命一路往南，原本三天的路程我硬是在第二天的傍晚抵達喀土穆。第一晚找到停泊的棲身之所時，已經接近晚上十點。每當有大卡車從後面接近時，我都很怕死地停在路肩的砂石路，等車子呼嘯通過後才又繼續往前趕路，這一天一共騎了一百七十一公里。一連看了好幾個頹圮廢棄的土房子都不滿意。離路邊太近，擔心有陌生人會接近；離路邊太遠，還要牽車進入沙漠好一大段，不時傳來的嚎叫聲讓無垠的沙漠更加深沉詭譎。

　　「該不會是有人養的狗吧！？」這時的我實在沒有心思去想這個聲音是從哪裡來的。

　　第二天清早起床先煮了一鍋奶茶帶在路上喝，喝過了奶茶就當作吃過早餐又匆匆上路。出發時看了一眼路旁的牌子，距離喀土穆還有一百三十五公里，但是首都喀土穆非常非常的大，光是從城市的外圍騎到機場旁的青年旅館就多騎了二十幾公里。傍晚一進城，我被眼前人山人海的景色嚇到了，滿滿的都是人，所有汽車、公車、嘟嘟車之間的空隙都塞滿了人。夾道歡迎的是兩旁一整排的攤販，跟印度新德里萬頭鑽動的「Asian Chaos」有著不相上下的實力。這裡的

Minibus 都是隨招隨停的，突然靠右急駛逼近，嚇得我冷汗直流。

　　我一直把視線停留在電信公司 MTN 的黃色招牌，幸好我還有一隻備用的 4S，進城的第一件事就是先把手機上網搞定，讓自己回到文明的世界。辦妥網路後，趕緊打開離線地圖 Maps.me 導航定位，飄洋了兩天，知道自己身在何處的感覺真好。一打開 messages，至少有幾十個未讀的訊息。

　　一路上我幾乎什麼東西都沒吃，唯一的正餐是在抵達青旅後，洗過澡晚上十點多在旁邊很像 KFC 的炸雞速食店吃的。躺上了青旅舒服的床有種歷劫歸來的心情，重新和文明世界接軌，令我感動不已。我想起了進城前，在途中碰見的一台破了胎而廢棄在路旁的黃色老爺轎車。又驚又喜的我，遠遠看到就不禁大喊著：「Magic Bus！」

　　就如同《阿拉斯加之死》的克里斯說的那樣：「Happiness only real when shared」，人終究沒辦法完全離開原本熟悉的環境。或許這幾年來，我的旅程越走離家越遠，從環北海道、縱斷日本、青藏、絲路、冰島，到現在進行式的非洲，然而我卻一直在回家的路上，那是我們不斷出走的理由。

穆斯塔法・胡里的家

穆斯塔法一家人。

現在的我正躺在易卜拉欣家的庭院裡仰望滿天星空。越接近赤道的關係，北極星幾乎都要貼近地平線了，拜神通廣大的 app 所賜，今天認識了新的星座——大蛇座。

早上八點我離開住了五天的青年旅館，馬克特別陪我走到青旅外頭，目送我離開。他和朋友約翰兩人騎越野摩托車也是要縱斷非洲，只是起終點與我相反：他們是由最南的好望角開始騎，一路往北。

離開城市的路總是錯綜複雜，一度走錯路，走到柏油路都不見了，

眼前只剩土路時，才驚覺走錯路了。趕緊打開離線地圖 Maps.me 定位導航；手機網路真的好方便，完全回不去，實在很難想像以前沒辦網路時，旅行是怎麼活過來的。

往南會有兩條路可供選擇：尼羅河右岸住家比較少，補給點少得可憐；而左岸的路幾乎是貫穿許多村落而行，一路上完全不必擔心補給的問題。兩條路在瓦德邁達尼（Wad Madani）彙整成一條，直達衣索比亞的關口。考量到補給便利，後來我選擇後者左岸這條路；左岸的車流量很大，遊覽車、大卡車川流不息，路大概有六線道這麼寬，但是只有中間的兩線道是柏油路，其他都是土路。

為了確保安全，我都是騎在慢車道的土路上，但路面實在太顛簸，不知道是太久沒騎車不習慣，還是路面的軟沙造成：後輪一直左搖右晃甩尾打滑，好幾次我都差點跌下來，最後索性騎上了柏油路。好在蘇丹的駕駛都很友善，不會狂按喇叭或逼車，經過我時都繞道而行，對向的車也會閃黃燈示意。

易卜拉欣馬上搬出床墊跟毯子。

接近下午四點鐘時，抵達一百公里外的阿爾卡米勒（ **Al Kamil** ），想說多趕一下路，這樣接下來幾天會輕鬆一些，於是我繼續前行，沒想到身體開始出現不適的警訊：口乾舌燥、噁心反胃、注意力不集中，甚至打起寒顫。我在四十幾度的高溫下騎了一整天，又沒有避開中午最熱的時間休息，我想大概是中暑了，真的有種「哥，不行了！」的感覺。我開始尋找能喘一口氣的陰影處，幸好才騎十公里就找到一家加油站，如同汪洋中的明燈一般，遠遠看到時眼淚都要飆出來了。

我一停好車，趕緊上前跟躺在床上看報紙的人打招呼握手，並用豐富的肢體語言告訴他：我現在頭昏腦脹了，想借個地方休息一下；沒想到他馬上搬出了床墊跟毯子說：「今天可以睡在這裡！」禮尚往來我也拿出了一把椰棗分享，賓主盡歡，而這個收留我的人叫易卜拉欣。

夜晚易卜拉欣的爸爸在電話裡聽到了我的消息，強烈邀請我到他們家住一晚，他說：「這是阿拉的教誨，要熱情招待遠道而來的朋友，怎麼可以睡在加油站裡！」我先委婉拒絕，因為這裡的星空實在太美了，而我又好想享受這自由自在的氛圍。

易卜拉欣皺著眉很勉為其難地再打給爸爸，後來電話又轉給我，爸爸的第一

句話就是很標準的英文：「我很高興見到你，朋友！」一聽到此，我馬上舉雙手投降臣服了，面對如此熱情的邀約，我又何必堅持什麼。

掛上了電話，我開始收拾行李，將原本散落一地的行李打包復原，而易卜拉欣也準備收攤打烊，結算今日款項，關了加油站的電源，瞬間四周一片漆黑；我們坐上了嘟嘟車，搖搖晃晃地前往易卜拉欣的家。

後來，易卜拉欣的爸爸穆斯塔法說：「這一切都是阿拉的旨意，讓我們相逢，感謝阿拉！」望著整片星空，在闔上眼結束今天之前，我要說的是：「感謝阿拉！」

栗城史多的書裡，有一個章節是「一切盡是感謝！」我的心情如是。

在加油站收留我的是易卜拉欣。他有四個兒子，最小的才一歲不到，還在襁褓之中；而這個三代同堂大家庭的大家長是穆斯塔法，也就是易卜拉欣的爸爸，是所有人裡面英文說得最好的。除此之外，易卜拉欣的弟弟、妹妹也同住在一起，另一個姐妹則是嫁到首都喀土穆去；而易卜拉欣的媽媽只有在我要離開時短暫出現，似乎在穆斯林國家裡，婦女都不太會公開露臉，在路上看到的絕大部分是成年男性，還有小孩子。

我在半夜三點突然醒來，半個月亮高掛在星空；漫夜星斗似乎比睡著前更加清晰可見。

這兩天以來，好多人看到我都大喊「沙蒂卡」，到底什麼是「沙蒂卡」？大家長穆斯塔法說：「是朋友、兄弟的意思。」我趁著這個機會也向他請教了很多阿拉伯生活用語。穆斯塔法說他的爸爸叫作胡里，所以這間房子就叫穆斯塔法·胡里的家，並指著我說：「You house！」這也是我的家，希望我有朝一日能再回到這裡，看看遠在蘇丹的家人。

早上和穆斯塔法及易卜拉欣一起吃飯，吃的是米飯配砂糖，而昨晚的宵夜是細麵條配砂糖。似乎蘇丹人都超喜歡吃甜的，就連紅茶或是咖啡都要加很多糖跟奶精，小小杯子裡至少有一半是奶精跟砂糖。

　　吃米飯配砂糖、奶精，對習以為常的他們來說，也許是千年傳統；但對我這個正港的「呆丸郎」來講，卻是全新感受。我總是用湯匙小心翼翼地挑起尚未被「玷污」的米飯做進食，然而穆斯塔法爸爸察覺到我的心懷不軌，總覺得這樣不夠賓主盡歡，於是又豪放恣意地將砂糖、奶精灑滿整盤米飯；苦笑的我，嘴角僵硬到不行。

　　穆斯塔法和其他人送我到門口，我和易卜拉欣跟他的小兒子坐著嘟嘟車到加油站去。易卜拉欣去上班，我去牽單車，小兒子當跟屁蟲陪爸爸上班。到了加油站時已經排了很多要加油的民眾，還有村民騎著驢子提著塑膠桶來加油的；易卜拉欣忙了好一陣子，才來幫我開門，把鎖在房間裡的莎莉拿出來。離開前我拿了半罐的糖果給易卜拉欣，感謝他們昨天願意收留我一晚，雖然我才離開喀土穆第二天，我卻有種好不情願跨上車的感覺。

　　一路上我問了好幾個人，他們都叫我在九十公里外的瓦德邁達尼住一晚，明天再出發去加達里夫（Quadarif），從瓦德邁達尼到加達里夫將近兩百四十公里的路途上，是什麼都沒有。

我在下午四點不到抵達瓦德邁達尼，但沒有進城；而是繼續往前騎，想說去找郊區的住宿人比較少，價錢也比較便宜。然而我一路上連問了好幾個人，他們都說前面沒有 Lokanda 或是 Hotel，要我回頭去城裡找。如果是平常的我肯定是不會走回頭了，但今天的太陽依舊毒辣，溫度超過四十五度，才騎九十公里，我就很疲憊了。

　　我坐在另一個加油站前思考了一會兒，反正明天是騎不到加達里夫，註定是要紮營了，今天應該好好休息。抱著這樣的想法，我就真的回頭去城市裡找旅館，花了一個多小時在城裡亂繞，見人就問哪裡有旅館。第一間問到的，開價四百蘇丹鎊（約台幣一千二百元），一度不敢相信這個答案，失望走出去時，被旅館外頭坐著的人叫住。他問我怎麼了，我說太貴了，我想找便宜小間一點的，隨後他就報了另一間比較老舊的給我。

　　走到第二家，老闆很乾脆地直接問我之前都住多少的，我說在喀土穆住五十元，這次換他不敢置信。他說最低一百元，裡面有兩張床，原價要一百五十元，不能再低了。使出奧斯卡影帝的本領稍微演了一下還是沒殺價成功，只好忍痛住了下來。晚上痛快洗了澡及洗了衣服，把所有電器充飽電、備份資料、整理照片、寫寫網誌及清理相機等雜事。因為太累了，晚餐懶得出去吃，簡單煮了泡麵配罐頭，只有到樓下採買四瓶大罐水，明天又是什麼都沒有的一天。

　　一閉上眼睛，我彷彿可以聽見穆斯塔法慈祥的聲音在呼喚。他說：「你好嗎？我的朋友，我很高興見到你！」我開始想念大家了。

如預期般無止盡上下坡。

弗朗基狂想曲

2016
三月 MARCH

衣索比亞 ETHIOPIA
EXCHANGE RATE
匯率 1.53

衣索比亞騎車的第一天，如預
期般無止盡上坡下坡，這裡的路只
能用一波三折來形容，像是在跳波浪
舞似的。另一個深刻印象就是單車騎
士之間廣為流傳的丟石頭小孩；更頑
皮一點，還會攔路要錢扯著你的衣服
不放你走。但是我今天遇到的小孩都
很溫柔，只是會從木造屋子裡突然冒

出來，一邊揮舞著手，嘴裡喊著：「You!You!You!」；還有另一個單字一直出現：「Furanki!」聽起來很像是這樣，但實際怎麼拚不是很清楚，就叫「弗朗基」好了。

除了衝出來打招呼外，還有次數多到數不清的「Give me five!」我算到了第七次，結果突然十幾個小孩列隊擊掌，慌亂之中，我就忘了算到哪了。似乎沒想像中的可怕嘛？到底是怎麼一回事呢？這些小孩還蠻可愛的啊！我對每一個小孩的「You!You!You!」總是有求必應，他們「You」我，我就說著阿拉伯語的招呼語：「Salam」回應。甚至我會對每一個盯著我瞧的人，都主動打招呼，先釋出善意，畢竟我才是那個闖入他們原本平靜生活的陌生人。

一方面這也是保護自己的方法，多一個當地人的幫忙，我的旅途才會更順利。而從別人的回應，我也比較容易判斷，對方想要做什麼，提早做出不同的因應措施。就小孩來說，大概有九成都只是看到外國人很開心，來打招呼的；有一小部分想惡作劇，想嚇你，或是想鬧你玩，這種心懷不軌的倒很好判斷，大老遠地我就閃遠遠；而攔路要錢的，今天運氣好還沒碰到。

大部分的小孩丟石頭是想吸引注意，連他們同儕之間也在互丟；有一個大人趕跑小孩，也是丟拳頭大的石頭。我不禁在想，搞不好丟石頭是人類最原始的本能，流傳了好幾千年，甚至是刻劃在基因密碼裡的，就像有些動物一出生就會翻肚裝死是一樣的。

另一件我覺得很有趣的：就是「逃跑」跟「追趕」這兩個本能；追就想逃，逃就想追。雖然知道學齡前三、四歲的小孩沒什麼殺傷力，但是一次有十幾個，甚至超過二十個，從四面八方帶殺聲衝出來，還是會備感壓力。不時我還要在心裡壓抑住想要加速逃跑的念頭，不能轉身逃跑，這樣人家更想追你；你不理人家，人家更想用石頭吸引你注意。

十幾歲的青少年就很皮，三五成群的膽子就大一點，開始會調皮搗蛋惡作劇突然作勢嚇你、從後面扯你的行李，或是擋在路中間攔你的，這種就有點討厭。通常我會比他們更凶，遠遠就注視著他們的一舉一動；不加速逃離也不漠視，太過分時我才會出聲制止，白目國中生總是愛表現又欺善怕惡。

我甚至還準備了二十個一塊銅板、單位很小但數量很多的餅乾糖果，還有小小一包能泡成兩公升飲料的橘子粉，真的遇到很死心眼賴著不走的，就乾脆下車請他們把莎莉推到山頂，再花點小錢打發打發，總之，我想了很多應對的方式，就是不能白白地讓這些小孩不勞而獲。

早上就在「You!You!You!」跟「Give me five!」之中度過快樂的時光。但是到了下午,被好幾個山路陡坡折磨地不成人形,還下來牽好幾次車後,每次經過小村子,我都開始在心中懇切希望:「不要再來『you』了。」左手揮完換右手,還要單手扶龍頭爬坡,哥真的累了。

　　我在心中打定主意,哥就跟你們一路「you」到九百公里外的首都阿迪斯阿貝巴(Addis Ababa),剩下的路程我要坐車直奔肯亞邊境。過程有體驗到就好,保留更多時間與精神去感受其他事,在衣索比亞的期間就當修身養性。

　　在衣索比亞的第一晚是借宿在位於制高點的高壓電塔哨口,睡在我隔壁的是帶著自動步槍的警衛駐守在此,一旁山丘上還有好幾個木頭矮房子。才剛踏入鐵柵欄內休息時,村子的年輕人就拿了半顆木瓜過來分享。禮尚往來,我也從馬鞍袋裡掏出一把糖果分給大家,沒想到兩個小朋友食髓知味,開始「You!You!You!」要糖果,吵了一個多小時,直到我隔天要走的前一刻,還在要糖果吃。

　　這不禁讓我思考自己是不是做錯了什麼,不該介入當地人的生活方式。這讓我想到一個研究非洲大貓十幾年的生態專家在探索頻道節目上說過:「不管眼前發生什麼事情,作為一個觀察者都不能介入其中:即便是獅子家族今晚打不到獵,全家餓肚子;或是幼小的瞪羚、牛羚被咬著喉嚨,即將一命嗚呼⋯⋯」每一個生態都有其運轉的遊戲規則,外人沒有介入的權利。

這不禁讓我思考自己是不是做錯了什麼。

浩劫重生

來了！來了！從山坡上跑下來了。

我從衣索比亞邊境的米提瑪（Metema）開始騎乘，終於在第四天中午抵達塔納湖畔的城市巴赫達爾（Bahir Dar）。無庸置疑，我現在的心情只能用浩劫重生來形容，至於是比較貼近《少年 Pi 的奇幻漂流》的 Pi；還是《浩劫重生》的查克的心境呢？我想應該是比較貼近 Pi 吧！除了要面對無止境的蜿蜒山路、調皮搗蛋的小孩外，我還必須與另一個理查·帕克相安無事的共處，以免他控制了主導權。

這四天騎了三百四十五公里，爬升超過四千兩百公尺，比台灣公路最高點的武嶺還要高。第二天開始，不管是險惡的環境還是調皮搗蛋的屁孩都全面升級——原來第一天是新手村，初心者的好運氣只到昨天而已，真實的衣索比亞今天才開始上演。

無止境的陡坡，翻過了一山，才發現有更大的山躲在後頭，蜿蜒曲折的山路纏繞在山腰扶搖直上；幾乎都是在牽車，前面三十公里的路，或騎或牽花了五個小時，爬升近一千六百公尺。一出了艾克爾（Aykel）市街，是這段路的最高點，看到一望無際的丘陵莽原，我彷彿浩劫重生，差點喜極而泣。

擋在路中間攔路要錢的小孩比例也越來越高，要不到錢還會丟石頭、拿著平常打牛打驢的棍子追趕、作勢嚇你，甚至從後頭扯你的行李及貨架。有好幾次為了閃這些小孩，差點失去重心跌倒。緊張、不安、憤怒在第三天達到臨界值，我也不甘示弱地回應，拿出金屬的自拍棒防身；衝突只在一線之隔，一念之間。

原本聽起來很可愛的「You!You!You!」、「弗朗基、弗朗基、弗朗基」聽了五百遍後，現在一想起來就像魔音穿腦，令人背脊發涼，到後來我覺得自己已經產生幻聽了：路邊的山羊、烏鴉叫聲，還有輪框煞車聲都像在「You!You!You!」。原野上到處都有小孩散布在其中，尖叫聲不絕於耳，還是杜比 7.1 環繞音效。一路上村落的密度非常高，大概每十公里就會有一個小聚落；進入村子前，我總是如臨深淵，如履薄冰般的戒慎恐懼。

第二天傍晚我把自己藏在石頭跟樹叢之中，等待天黑來臨。心想：「只要天完全黑我就贏了！」到時就可以鋪上睡墊躺平睡覺，興奮的心情比小時候玩捉迷藏還刺激。沒想到這裡是羊道的捷徑，牧民傍晚回家都是走這一條，在我面前晃來晃去。

我躲在樹叢後監視著眼前的一舉一動，第一個肩扛著棍子的小孩似乎發現了什麼，往我這裡不停的打量張望，我在心裡頭不斷地重複「不要走過來！不要走過來！」看到他轉身離去，我真的鬆了一口氣。

沒多久又經過了第二個牧牛的村民，這次是一個大人，我們四目相交。為了

先釋出善意，我走出草叢與他問候攀談，還是熱情的握手再肩碰肩的衣索比亞式打招呼。他說晚上這裡很危險，還煞有其事地做出開槍射擊的動作，我完全聽不懂接下來他說了什麼，猜測是邀請我到他家借宿一晚吧！於是我就乖乖地跟著他們的牛群，被他們撿回家住了。

在被「You!You!You!」疲勞轟炸了一天後，有一天晚上我又找了高壓電塔站借宿，花了一點時間與駐紮的警衛說學逗唱，終於獲得首肯。這一天騎了一百一十公里，為了把握白天騎車的時間，在路上都只有吃餅乾。晚餐很開心的煮了義大利麵、咖啡還有紅茶，很久沒有這麼放鬆了，四周都有圍牆的感覺真好。雖然還是能聽得到外面鬼叫的聲音，但是有帶槍的警衛睡在旁邊感覺就是不一樣。突然間我覺得自己很像是漫畫《進擊的巨人》躲在圍牆裡的人類，外頭到處是遊蕩的巨人們。我開始明白：為何這些人類寧願窩在圍牆裡，也不肯到外頭去。另一方面我想到了關在動物園裡的獅子老虎，以前覺得這些動物好可憐，現在的我倒想關在鐵籠子裡好好睡上一覺。

第四天只有短短的七十公里，除了地形偶有波折外，幾乎都是長下坡，不知道是不是接近大城市的因素，感覺騷擾的小孩比例變少了；想到接下來就可以找一間高級旅館，把自己關在房裡休息，心情就特別開心，還有心思跟路上的小孩擊掌。

後來我發現只是想打招呼的小孩，頂多跑到家門口就停下來，害羞地遙遙揮手相望；而會暴衝上路邊來的，有一部分只是把伸手要錢這件事當成一種跟外國人互動的遊戲而已，於是我也伸出手來，對他們喊：「You!You!You!Money!Money!」這些小孩反而會愣在那裡，不知所措。

而有些三、四歲不到的小小孩就連上坡牛步的大卡車、遊覽車都在追趕。這麼小年紀的孩子，怎麼會知道自己在做什麼呢？只是在這樣的追趕遊戲當中，並沒有人真的得益，徒增遊客跟當地人之間的緊張及不信任感，不僅有可能造成別人受傷，也可能危害到自己的生命。看到一些年輕媽媽唆使小孩暴衝到路中間伸手要錢，我驅車經過時，心裡是五味雜陳；倒是有些年紀較大的長者會驅趕這些小孩，不全然所有的大人都默許這樣失序的行為。

直接插在路中間的就不用說了，肯定是來找碴的，一手還拿著一公尺餘長的牧羊棍。我想到探索頻道有介紹過：有些野生動物在爭奪領地、交配權時，會橫著身體面向敵手，示意自己的體型比對方強壯，要對方不要輕舉妄動；不到緊要關頭，不做流血衝突。

　　於是我不顧炎熱的天氣，將頭巾拿掉，露出兇惡的表情，徵於色且發於聲來處理這些惡意的騷擾，進巴赫達爾前，我甚至連安全帽、帽子都拿掉了。如果長滿鬍渣的臉，可以像獅子的鬃毛那樣，讓自己看起來比較有威嚴又具有威嚇對方的效果，那我就決定到好望角都不刮鬍子。

　　當然，就算拔了我的鬍鬚，失去的頭髮也不會找回來——別再相信沒有根據的謠言了。

────── 我乖乖地跟著牛群，被他們撿回家住了。

Everything Worth

在 非洲旅行了五十四天，這是我第一次有種眼淚抑制不住的感覺。
現在的心情只能用「哇！這實在是……」（找不到可以形容的字眼），最後的三十公里，我腦海中一直想起在路克索遇到的喬納森。

喬納森他剛從衣索比亞、蘇丹過來，到達埃及的路克索，我們在青年旅館相遇，並向他打聽情報，詢問衣索比亞的狀況；我們早有耳聞：令人聞風喪膽，沿路要錢的小孩。

「哇！這一切，這實在是……」他搖搖頭，一副欲言又止的模樣，到底是有多麼不堪回首？還是超乎想像，而找不到任何可形容的字眼。我的心整個懸在半空中，等待著他接下來的答案，交談就這樣中斷了，空氣彷彿凍結住了。

如今，走過了埃及及蘇丹，在衣索比亞旅行第九天，我終於能完全體悟到喬納森當時憂愁滿面的「哇！這一切，這實在是……」代表什麼意思。如果有人問我衣索比亞印象是什麼，我想，我也會是同樣的表情跟答案。

　　在這趟旅程我有件事非常不解：感覺非洲這裡的人民普遍不喜歡中國，尤其是衣索比亞。在埃及的開羅及沿路的小鄉鎮都沒這種感覺，但一進路克索，我們就明顯感覺一些來自當地年輕人不懷好意的訕笑，亞斯文也讓我們有這種感覺，和在鄉下遇到的親切埃及人真的差很多，讓我們有些無所適從。

　　昨晚我實在忍不住就開口問了旅館的年輕老闆，他的名字叫作澤卡里亞斯（Zekarias），那時他正在用電蚊拍幫我清理房間的蚊子，就像海關人員拿金屬探測器在身上掃描那樣揮舞著，這種貼心的服務，連四百五十比爾的高級旅館都沒有。而我則剛一口氣喝完第四隻玻璃瓶三百毫升裝汽水，一整天下來衝擊太大，總要有個慰藉。

　　「親愛的朋友，我很喜歡你，也很喜歡這裡；我在路上騎車都會有卡車司機問我需不需要幫忙，要不要水，還要把我連車帶人扛上卡車，幫助我越過接下來無止境的山頭，我還睡在別人家裡，還有電塔哨站裡兩三次。」

　　「我很想真心去愛衣索比亞，但是我不明白的是，為何這一路上會有這麼多惡意的騷擾，伸手要錢……反差之大，讓我不知所措。」

　　「我知道中國在蘇丹、衣索比亞鋪橋造路，甚至是植林造被，但我覺得你們的人民對中國不是很友善，我很不解？」

　　「因為，這一切是虛假的冒牌貨！」我很訝異這個答案，從來沒想過是這個原因。

　　「日本蓋的路也許五年不會壞；但是中國蓋的路，一年內就崩塌了，你來的時候應該有看到吧！」他指著外頭的馬路，憤恨不平說道。我想起了早上才騎車經過，那條柔腸寸斷又好似在跳波浪舞的可憐馬路。

　　「他們賣給我們的都是些爛東西，很快就壞了：手機、咖啡機，還有卡車；但是我們別無選擇。只有政府喜歡中國！」

　　「你知道一個笑話嗎？中國製的卡車在衣索比亞被戲稱 ISIS：因為煞車失靈而發生的意外太頻繁了，無辜被殺死的人比 ISIS 還多。」於是這裡的人看到中國製的卡車就會說：「哇！ISIS 來了，緊閃！」

「我很抱歉你在這一路所遭受的對待，我想一方面是離城市比較遠的鄉村，外國人比較少，人民沒有被教育，所以不知道如何對待外國人；城市的人他們知道，但是這裡的人（指衣索比亞）普遍認為外國人比較有錢倒是真的⋯⋯」

澤卡里亞斯邀我吃宵夜，我們吃同一片因傑拉酸餅（Injera），一邊喝酒聊了很多事情，促膝長談了一個晚上，我的心情平復許多，很多不明白的結也豁然開朗，茅塞頓開。回房間前，澤卡里亞斯強烈邀我再留下來一天，他要帶我去附近媲美藍色尼羅河大峽谷的私房景點。當下，我並沒有答應他，我滿腦子想的：就是用最快的速度騎到首都。然後關在旅館裡休息個幾天，辦完肯亞簽證就直接搭巴士到邊境摩亞雷（Moyale）；我對衣索比亞失望透頂，覆水難收。

夜裡我輾轉難眠，經歷了一番天人交戰，隔天一早我還是決定依照澤卡里亞斯的建議多住一天，我的想法是：如果我就這樣走了，那往後的日子一想到衣索比亞都會是一些不開心的回憶。這對那些真心把我當朋友的衣索比亞人實在太不公平。同時間，前幾天一起在登貝沙酒吧裡喝酒的阿貝巴（Abebaw）也打電話來關心我的旅行；我說一切都很好，只有一點點小問題而已，我實在不忍心告訴電話那頭的阿貝巴說：「哇！這實在是⋯⋯」

掛上了電話，我走向了正在中庭梳洗的澤卡里亞斯，告訴他我決定再住一天，下午去看看這個他生於斯的家鄉。一聽到此，他如同小孩子般的笑顏展開。

我們吃同一片 Injera，一邊喝酒聊了很多事情。

261

　　正當我準備要付房錢時，他卻很堅決地不肯收下，連飯錢跟酒錢都是他請的，他說：「這裡是我的地盤！」吃著澤卡里亞斯為我特別準備的早餐煎蛋麵包，我突然覺得眼前的一切變得好模糊；在非洲旅行了五十四天，這是我第一次有種眼淚抑制不住的感覺，倒不是被人欺負，而是……

　　下午我們先見過澤卡里亞斯在學校工作的女朋友，再去德真（Dejen）小鎮旁的大峽谷，我們走過懸崖邊的碎石小路；與沒人看管的騾子群擦身而過。穿過及腰高的矮樹叢，一望無際的大峽谷在眼前無垠展開。乾渴的大峽谷至少有幾百米深，或呈九十度的聳峭斷層，或呈階梯狀斜切至深谷，放眼所及赤地千里，一直綿延到地平線，只有稀疏的翠綠色的樹叢、圓錐頂茅草屋，以及鐵皮浪板屋頂被烈日照得熠熠生光的矮房子點綴其中。眼前壯麗的一切，也一掃我連日來的陰霾。我的心情波濤洶湧，「一切都值得了！」這句話不斷地拍打著我的內心。

　　澤卡里亞斯說，明天的路況會是連續二十公里陡下坡，再連續二十公里的陡上坡，經過的藍色尼羅河峽谷會比今天看到的更壯麗。

　　回程時，澤卡里亞斯先是賊賊地問我，他的女朋友看起來怎麼樣？我也用手肘抵著他的手臂，賊賊地笑著說：「你這個令人嫉妒的幸運兒！」

　　他又問我現在的心情如何，我說：「一切都值得了！」

　　「這就是我帶你來這的目的！」他很滿意的回答。

衣索比亞的馮迪索隆

從阿迪斯阿貝巴坐巴士一路向南，到肯亞邊境——摩亞雷需要兩天的時間。第一天下午三點左右抵達迪拉（Dilla），所有乘客下車在這裡休息一晚後，隔天一大早再出發，第二天下午才會抵達邊境。

然而我們這班到邊境摩亞雷的巴士，因為人數只有十人左右，入不敷出。於是在發車的最後一刻，我們被併到另外一台往南開到亞貝洛（Yabelo）的巴士，抵達亞貝洛時天已經完全黑了，幸好在車上認識另一個也是要去摩亞雷的衣索比亞朋友，兩個人靠著手機微弱的燈光，摸黑在沒有路燈的村子裡亂繞尋找住宿，似乎也就沒那麼可怕了。

為了併車的事情，一些乘客還跟工作人員動手拉扯上演全武行，其他人幫忙拉開勸架。這還不是唯一爆發衝突的，兩天下來當地人之間劍拔弩張的口角不斷，雖然會有推擠的肢體動作產生，但還不至於要打到對方頭破血流；有趣的是，這些幾分鐘前還吵得面紅耳赤的當地人，在氣消之後還能坐下來心平氣和地討論事情，實在令我訝異不已。

　　而我又要把莎莉扛下來再扛到另外一台車頂上，重點是位子還超賣，我只能坐在走道的汽油桶上。幸好才剛出阿迪斯阿貝巴時，就有一個乘客發現坐錯車了而急忙跳下車，於是我順理成章遞補上空位，而原本坐木頭小板凳的人就很自然換到我原本在坐的汽油桶。後來不知道從哪裡又變出三四張板凳，整個走道都是人還有行李，要下車的乘客總是要高舉著雙手、托著行李，左右迂迴才能向前移動。

　　在 Baro Hotel 認識的德國背包客知道我是騎單車旅行，還自備爐子帳篷，她說我是「Independence」，那時我還以為她讚嘆我怎麼這麼獨立，經過這兩天的巴士驚魂後，我才明白她話中的含義。原來她口中的「Independence」是指我是獨立的個體；交通、吃飯、睡覺都有很大的自由度，不受外在因素影響。遇到想敲竹槓，想發外國人觀光財的當地人時，大不了轉身跨上莎莉走人，到郊外紮營野炊；但是背包客就沒辦法，除了事前資料的收集，還要跟當地人說學逗唱，討價還價，有時還得照著當地的潛規則走。

　　這兩天一直在上演的情節就是「坐地喊價」，大家看我一個外國人的，就要跟我收昂貴不合理的單車運送費；一副巴士要開走了，要不要上車隨便你的態度，所以拖到最後一刻，我只好坐汽油桶。

　　第二天的巴士老大更是經驗老到地先把我們的行李及單車放到巴士的後行李廂鎖起來，然後開始喊價錢。除了三、四個隨車小弟外，現場還擠二、三十個圍觀的當地人。那個畫面簡直就像是幫派要火拼一樣，而我們這一方只有可憐的兩個人；人數差距懸殊，還被團團圍住。

　　身材壯碩，理著鍋蓋頭的巴士老大，雙手插在胸前就擋在後行李廂前，一副「反正行李都在我車上，看你怎麼辦！」輕蔑地撇嘴邪笑，讓我想到了電影《玩

命關頭》裡的唐老大，那簡直是衣索比亞版的馮迪索隆；畫面也像極了電影裡，要尬車之前，兩方人馬總是先演一下大眼瞪小眼，胸膛頂胸膛。

第一次談定不合理的價錢，後來又被加了一次錢，但這一次我們已經在車上了，哪裡也逃不了，簡直是待宰羔羊。同行友人氣到在車上大聲咆哮，坐在最後頭角落的巴士老大依舊是一抹奸笑，反正就是吃定我們了。後座的婦女甚至拿出一張一百比爾的鈔票出來，希望能平息紛爭，而我則需要扮演安撫夥伴的角色。

我出乎意料地平常心面對，大概是一心一意只想趕快入境肯亞，離開這瘋狂世界的心情凌駕所有情感之上吧！這個時候總是要有人抱持冷靜，控制一觸即發的狀況；但另一方面，我已經在心裡做好最壞的打算，手按在腰間防身武器，一路上都處於戒備的狀態，風聲鶴唳。

非洲啟程前，我問剛從單車環遊世界回來的時暢兄：「非洲那裡的狀況如何。」

他說：「總之就是什麼狀況都碰得到就對了！」如同他說的那樣，才剛走完三個國家，偷拐搶騙都遇上了，還有什麼是不可能發生的呢？

Seven Hill Hotel

2016
四月 APRIL

肯亞 KENYA

EXCHANGE RATE
匯率 0.32

　　聽聞摩亞雷往南到伊西奧洛（Isiolo）這一段路治安不是很好，所以一入境肯亞，我就趕緊抓著邊境帶槍的肯亞警察詢問這一段路況。

　　「幾年前治安是真的不太好，但是現在完──全──沒問題！」他們說只要避開晚上騎車就好，而且沿途有好幾個檢查哨，村子口也都有警察進駐。

雖然有好幾個人掛保證說沒問題，但剛上路時，心裡頭還是有些怕怕的。早上有捎客問我要不要坐巴士去伊西奧洛時，還真讓我猶豫了一下，但是經歷過昨天的巴士驚魂後，我發現自己還是比較喜歡不受制於別人的旅行方式。單車旅行保留了更多的自由去揮灑。

於是，到最後我還是決定跨上單車，用騎車的方式，一路往南往首都奈洛比（Nairobi）前進。

就在我忙進忙出，把行李分好幾趟搬到旅館門口時，那個喝得醉醺醺的年輕人捎客還一直纏著我不放，告訴我前面的路非常危險，讓我一定要坐車去；見我吃了秤砣鐵了心，他又馬上改口說，要幫我把車子推到外頭，硬是把我的單車搶過去。

面對突然而來的莫名殷勤，我一時還沒有反應過來，直到我上路騎了好一段時間後，我才發現我放在上管馬鞍袋裡的行動電源不翼而飛了；看來是早上一陣推擠中被偷走。

我第一個念頭是覺得：這種東西有什麼好偷的？又不是什麼值錢的東西。但下一秒，我突然驚覺這個輕忽的心態，可能會讓我深陷更大的危險之中；我們覺得稀鬆平常的物品，搞不好在外人眼中是有價值可以賣錢的。掉了東西事小，若是讓人覺得：「你們這些外國人來騎單車旅行，肯定都很有錢」，進而臨時起意心生歹念，甚至危害到人身安全，豈不因小失大。幸好，只是被拿走一個幾百塊錢的行動電源而已，但這也讓自己鬆懈下來的戒心都收了回來，算是不幸中的大幸。

除了剛出邊境小鎮摩亞雷那一段非常爛的沙土路以外，一直到第二天抵達的馬薩比特（Marsabit）都是剛鋪設好的平整柏油路，非常好走。

進肯亞之後，我發現兩件很有趣的事情：第一件事，肯亞這裡普遍都有缺水的問題，不管男女老幼或是牲畜都會提著、背著、馱著，或用頭頂著大大小小黃色的水桶在路上走來走去，有些村民手裡還會拿著披荊斬棘用的大砍刀閒晃。這裡的人已經沒有再要筆、要衣服、要裙子、要鞋子、要零錢，取而代之是問我有沒有水可以喝。有些離大馬路有一段距離的小村子，還在路口放跟水塔一樣大的黑色水桶，猜想應該是定期有加水車來巡迴補給吧！

第二件事，就是這裡的小孩子也變得羞怯友善多了，雖然還是「弗朗基！弗朗基！」叫個不停，但下一秒就馬上大喊「How are you?」我一開始還沒反應過來，接著我覺得感動不已，有種苦盡甘來的感覺。而且肯亞的學校都是雙語教學，

同時學習史瓦希利語及英語兩種語言，不僅小孩子會用英文向我攀談，連電視的新聞也因應兩種語言而有兩個不同時段。

另外，還發生一件很有趣的事情，就是我終於遇到有人向我索賄了。話說那時我正在一個小村子休息，一個穿著軍裝跟熊一樣魁梧的警察從哨口遠遠走來，說我沒有按照規定停下來接受檢查，要我連車帶人跟著他回到哨口。

他先是例行公事隨意翻翻我的護照，還有檢查那張號稱是「簽證」的紙張，開口問了一些問題虛應，像是：你的國籍是什麼？你從哪裡來？要去什麼地方？打算在肯亞待多久？從哪個關口進來的？

我一直搞不懂他到底想要幹嘛，直到最後他才忍不住地問：「身為朋友，你不覺得應該買個什麼東西體恤我們一下嗎？」旁邊還有個身材稍微嬌小的女警隨同助陣。

「別鬧了！這裡是肯亞，不是其他國家。」我好氣又好笑的回應他。

（而且我什麼時候變成你們的朋友？）

彩色小巨蛋。

「你這個人真不夠意思，不是好朋友！」說著說著他就把護照原封不動地還給我，整個過程非常平和溫柔，以致於接下來騎車想到這件事時，我都會忍不住「噗哧」一笑。

今天騎了一百二十公里，晚上是住在一個叫作托若比（Turbi）的小鎮。托若比在史瓦希利語裡是七個山丘的意思，因為村子後頭有七個山丘圍繞。托若比是個迷你的小鎮，只有幾間寥寥無幾的水泥房子散落在大馬路旁，大部分是用鐵皮搭建起來的矮房子。除鐵皮屋外，更多是用手臂粗的樹枝圍成四周，做出房子的雛形骨架，再用各種布料蓋在上頭，並用繩索或是樹枝固定，形成五顏六色的小巨蛋。看起來就像是「反正手邊有什麼，就通通拿來蓋房子」，所以每一間小巨蛋的外觀都是色彩繽紛且獨一無二。

大馬路左右兩側各有一個避車道，猜想應該是給拉車運送物資往返衣索比亞及肯亞的大卡車司機休息過夜用的。而我住的這間旅館叫作「Seven hills hotel」，意思是托若比的旅館，是唯一可以投宿的地方；一間房是兩百先令，大約是兩美金，一盤手抓羊肉飯是一百先令。晚上，村子裡的人都聚集在這裡看電視打撞球，好不熱鬧。

黑夜驚魂

騎車離開托若比小鎮前，我花了一些時間在鎮上閒晃，走到鎮的盡頭又走回來，觀察這裡的房子，還有這裡的人都在做什麼。早上跟一個旅館的年輕人用英文聊天，他是導遊兼司機，專門用吉普車載外國觀光客到處觀光。我可以感受到彬彬有禮的他只是想跟我聊天而已，並沒有其他意圖；我飽受了好幾天的驚嚇，一時之間還沒有辦法很自然的跟當地人交談。

聽他說，這條連接衣索比亞並貫穿肯亞的大馬路，是今年才剛蓋好的；以托若比為界，由兩家不同的中國包商承攬。我想到了衣索比亞柔腸寸斷的可憐馬路，於是忍不住問他，這裡的道路蓋的好不好？

「他們蓋的路平整極了，而且用了很多當地人，創造了很多工作機會。」聽到這，我有些訝異。同樣都是中國金援，鋪牆造路搞建設，怎麼過了一個邊境就差這麼多？

我的身體在下午出現狀況，感到全身無力。腳下的踏板是如此的沉重，每一步都踩得很辛苦；到最後我已經沒辦法同時用兩隻腳踩踏板，只能單腳踩下去後，先休息一下再用另一隻用力往下踩，用「蹬」的方式慢慢前進。

離下一個小鎮至少還有三十公里，我很難想像是否能撐到那個時候，沿路上我一直在找可以就地搭營的地方；想說先好好休息一晚，明早身體穩定些後，再趕到下一個城市。然而，糟糕的是，我的備用水已經完全喝完，很難撐過一個晚上，就地紮營同樣也不是最好的選擇——看來只能沿路攔車了。

今天的車流量是少得可憐，我足足騎了快一個小時，後頭才來了一台大貨車。我停下步伐跨在單車上伸手攔車。大貨車先從我的身邊經過，然後在前方一百公尺不到的地方停下來，下車的是幾個十幾歲的年輕人。

這時我犯了一個很大的錯誤：就是在人生地不熟又還沒瞭解對方的情況下，就顯露出身體虛弱的樣子，以至於讓對方覺得有機可趁。我緊皺著眉頭，告訴他們我的身體非常不舒服，希望他們能載我到下一個城市。

年輕人開價五百先令，大約是五塊美金，我殺價到三塊美金成交。幾個年輕人分工合作連車帶行李扛上大貨車，而我則是蹲在路邊休息，不時瞥一眼看他們表演不可能的任務，將六十幾公斤的莎莉扛上一層樓高的車後斗。

折騰快三十分鐘，終於可以上路了，沒想到才坐上車沒多久，剛剛好心幫我搬車的年輕人就像是換了一個人似的，突然跟我開口要三千先令。我驚訝到從座椅上跳了起來，就好像被電到似的。

「剛剛不是談好了三百先令，怎麼又變成三千了？」

「我剛剛就說是三千先令，是你聽錯了，如果你不想付，你可以馬上下車。」

就像電影劇情安排好似的，開車的年輕人很老練地把大貨車靠在路邊停下來，然後不動聲色地望著我瞧：「而且單車你自己從大貨車裡扛出來。」

我怒視著眼前這位年輕人，並環顧了裡頭所有的人，一共是三男一女，四雙

圓滾滾的眼睛盯著我瞧；他們輕挑蠻不在乎的態度，就像等著看什麼好戲似的，讓我把這部糟透了的戲碼演完。

大貨車粗暴地駛進小村莊裡，揚起一陣滾滾塵土，並橫插在路邊停下。才一下車，十幾個村裡頭的年輕人就像過江之鯽般一湧而上。甚至還有一個眼眶凹陷、瘦骨嶙峋的高挑年輕人很老練地攀親帶故，一上來就跟我熱情的握手，問道：「嗨！你還記得我嗎？我們在某某青年旅館有碰過……」好像我們有幾世紀交情似的，完全不理會我才剛抵達這個完全陌生的村莊裡。

隨後大貨車上的年輕人陸續下車，兩個人爬上了一層樓高的車後斗，將裡頭的莎莉連車帶行李翻出，再由其他人接力將莎莉從大貨車抬下來。我的身體依舊很不舒服，使不上力，只好曲著身摀著肚子，吃力地將視線對焦在眼前這幾個年輕人，瞇著眼盯著他們的一舉一動。

村莊裡十幾個年輕人見狀，趕緊跟上前想盡點微薄之力賺點小費，彷彿只要手指碰到了莎莉，見者應該都有份。

「Thanks, but I don't need help, I can do it. 」我實在不希望有這麼多人對著我的莎莉毛手毛腳的，顧不得身體微恙，還是衝上前以自由式、蛙式、蝶式並用，將簇擁的人群推擠開，雙手伸得好長去接應我的莎莉下來。

我將莎莉牽到路邊，先將一陣兵荒馬亂下狼藉不堪的袋包重新取下再固定好，外掛的鞋子、汽油瓶、瓶裝水，以及兩條備用外胎重新就定位，再用彈力繩束緊。一轉身，大貨車早已大模大樣的揚長而去。兩個戴著白色小帽的年輕人依舊不肯散去，像個黏皮糖似的跟在我身邊，盯著我慢條斯理的整裝行李，不放過任何一個掙小費的機會。彷彿只要纏得越久，掙到錢的機會越大。

出發去找旅館前，照例先將我剛抵達的這個小村莊拍張照紀錄，作為接下來寫日誌用的素材。可是我翻遍了全身上下的口袋，卻遍尋不著我下車前一直緊握在手上的 iPhone 6 手機：這個在神奇的加油站跳進糞坑，然後當機了好幾天後又起死回生，與我一直相依為命，與熟悉的世界唯一的羈絆。尤其是在衣索比亞遭遇的種種一切，已經讓我身心俱疲，幾乎到了身體與心理的極限。

我在腦海中將剛剛混亂的一切重新再倒帶一次，像賽璐璐片那樣仔細檢查每一個片段，想確認到底是哪一個環節出了錯。

「發生什麼事了嗎？」我翻箱倒櫃慌張的樣子引起了白色小帽年輕人的注意。

「幹！手機給我還來喔，我知道是你拿的！」我感覺到整個人要燃燒了起來，幾乎要揪著眼前這個年輕人的衣領，顧不得一打二的狀態，而且還是在一個完全陌生的小村莊裡。

「我已經受夠了你們這一群混球……」我大聲喊道。

「不是我啦！我是一個虔誠的穆斯林，不可能做這種事情的。」年輕人一邊慌張地否認，一邊指著他頭上的圓頂小白帽。

「但是，我知道是哪一個人拿的，我帶你去找他……」我緩緩地放開抓緊的手。

天色漸漸昏暗，村莊的路燈已經亮起，或許是身體不適再加上驚慌失措失去了判斷，我竟然就這樣牽著莎莉，跟著這兩個素昧平生的年輕人往村落的深處走去。

過了一個轉角後，我突然一個念頭閃過：「不對啊，我這樣傻傻的跟著他們，如果我被帶到暗巷裡洗劫一空該怎麼辦！？」冰冷的恐懼感從腳底竄上，我不自覺地打了一個寒顫。

「我不走了，就到這裡就好。」我停下了腳步，賴著不走。

「來，就在前面而已，不會很遠。」那個年輕人仍不死心招手催促著我上路。

「我不走，我要先找個旅館冷靜一下。」我堅持。

「我知道哪裡有便宜的旅館，我先帶你去……」對方試圖力挽狂瀾。

不等他說完，我就逕自的往旁邊的建築物走去──原來是一間人聲鼎沸的當地餐廳，傍晚時刻人潮開始聚集。我將莎莉靠在入口玄關處的牆壁上，像遊魂一樣地飄到裡面，那兩個白色小帽年輕人還在門外往裡頭張望，不肯讓煮熟的鴨子飛去了。

一個年輕男生迎面走向我，問我需要什麼幫忙？應該是餐廳的員工。

　　「先生，我是從台灣來的，騎單車旅行，打算一路騎到好望角……沒想到剛到這裡時，手機就被偷走了，」我抓了他劈頭就問：「而外面那兩個人說要帶我去找手機，要我跟他們走，你覺得我應該相信他們嗎？」我朝著門口的方向抬了抬下巴示意。

　　一般人遇到這樣突然的請求，大概心裡頭會想：「眼前的這個外國人一定是瘋了，我又不認識你，講了一大堆莫名其妙的話，你自己要跑來這裡騎車旅行，關我什麼事？」才剛甩開兩個奇怪的掮客，現在又莫名抓了一個當地人劈頭就要向人家求救，要人家幫你。但我真的是完全亂了分寸，不知該如何是好。

　　這個年輕人叫作穆罕默德（Muhammad），和先知同名，沒想到這個隨意抓來的年輕人，真的就是來幫助我渡過眼前的難關。

　　「你先冷靜一下，聽我說，」穆罕默德將手扶在我的肩膀上，輕輕的看了一下外面，然後用幾乎不著痕跡的方式微微地搖了一下頭。

　　隨後門口那兩個年輕人也走了進來，用當地的史瓦希利語和穆罕默德說了一些我完全聽不懂的話語。他們討論了好一會兒，穆罕默德似乎更清楚了這一連串發生的事情，於是帶著我走出餐廳，並說：「OK！我會幫你的，那你現在打算怎麼辦？」

　　「我想先找家旅館待著，冷靜一下。」

　　「好，我帶你去。」說完，穆罕默德就帶著我往完全不同的方向去找旅館。那兩個白色小帽年輕人緊跟在旁，並不時地想盡辦法讓我回心轉意。

　　穆罕默德帶著我穿過了旅館門口的長廊及中庭，我在前面提，他在後面抬，將滿載的莎莉推上到了二樓。我選了一間最靠外面的房間，如果臨時發生什麼事，我還可以選擇跳牆逃生。

　　過沒一會兒，那兩個年輕人又來了，穿過了旅館門口的長廊及中庭，上到了二樓，來到我的房間門口。

　　「我知道拿你手機的人在哪，我們可以帶你去。」

　　「不，我在這裡等，你把他帶來，我會給你錢。」

他們走了之後，穆罕默德也暫時離開了一下才回來，說是要向老闆告假，他說會一直陪在我身邊，直到所有事情結束。

過沒多久那兩個年輕人回來了，但只有他們兩個，拿我手機的人不肯進旅館，要拿回手機，就到外面來。

「我會跟你一起去，不用擔心。」於是我和穆罕默德跟著他們走到旅館外頭的大馬路上談判，這時天色已經完全暗了下來，透過微弱昏暗的路燈，我還是認得出來那個偷我手機的人，就是我剛到這個村莊時，向我殷勤握手打招呼、眼眶凹陷的年輕人。果然是在那一團混亂中，手機被偷走了，我早該猜到是他。

「好吧，你現在想怎麼樣？」我率先開口，穆罕默德陪伴在我身邊，讓我備感安心。

「給我兩千先令，手機就還你。」

「我怎麼知道手機是不是在你那裡，搞不好你在騙我。」

「你不先把手機拿出來，我們怎麼相信你。」穆罕默德在一旁附和助勢。

「你先把錢拿出來，」對方不肯退讓，並用左手做出了手指槍的動作說：「我告訴你，我手上有槍，我可以先殺了你，再把你身上的錢搶過來，不管你是否先把錢拿出來，結果都一樣，這就是非洲的遊戲規則，This is Africa.」

這個時候，我才注意對方的右手一直藏在身後心懷不軌。索馬利亞與衣索比亞、肯亞接壤，衣索比亞的鄉民都可以背著自動步槍走來走去，肯亞這裡還有什麼事是不會發生的呢？

「那隻手機要用指紋才打得開，就算你拿了也沒用。」我晃了晃右手，虛張聲勢。

「信不信我可以把你的手砍下來，再打開手機。」

對峙陷入僵局，誰也不肯退讓，深怕一旦氣勢輸了人，局勢的發展將會有利於對方。而那兩個扮演掮客、戴著白色小帽的年輕人就站在兩組人馬的中間，看我們彼此諜對諜，始終什麼話也沒有參與。

「好吧，既然這樣也沒什麼好談的，打不開的手機就留給你吧，」我拉了拉默罕默德的手準備轉身就走，幾乎打定手機是拿不回來了。

「好，我們一手交錢，一手交貨。」對方終於肯退讓。

看到了手機，我心裡安心了不少，確實是那隻我奮不顧身從糞坑撈回來的黑色手機。討價還價的過程中，穆罕默德出其不意地衝上了前，要將手機蠻橫的硬搶過來，只可惜對方的動作更快，一縮手轉身就逃跑，我和穆罕默德二話不說追了上去，往村落的深處跑去。眼見路越來越小，也越來越深，暗巷裡沒有路燈，隨即小偷就在一個叉路口消失得無影無蹤，眨眼間我們就被十幾個黑影給團團圍住，嘴裡還不斷重複著：「你還記得我嗎？我們在……」

「這個情況對我們不妙，我們還是先退回旅館再說。」穆罕默德說。

那群黑影仍不肯放棄，跟著我們回到旅館，原來是當地遊手好閒的年輕人；原本坐在旅館中庭閒聊的人們，聽到了騷動也趕來幫忙，將他們阻擋在鐵閘門之外。一大群人隔著鐵閘門伸長了手叫囂，兩方人馬在鐵閘門兩邊對峙，一觸即發的緊繃狀態隨時都會有流血衝突發生。這是壓垮駱駝的最後一根稻草，我一臉驚恐地坐在中庭的椅子上，雙手抱著頭，指尖深入頭皮，混亂的腦袋幾乎要埋在雙腿之中。

「Fuck! Fuck! Fuck!」

無以言喻的心情就像電影《絕地救援》裡的麥克戴蒙，因居住艙裡賴以維生的馬鈴薯，在一夕之間都凍死了一樣絕望。連日來在衣索比亞累積的緊張、壓力在這個時候爆發，莫大的恐懼感油然而生。

那兩個白色小帽的年輕人，被旅館的人拽了進來。在警察姍姍來遲前，鐵閘門外聚集的年輕人早已一哄而散。我和穆罕默德各坐上了一台旅館門口的計程摩托車，跟在警車的後面，穿過了一片蔥鬱的樹林，來到了山丘上的警察局，幢幢的樹影更添幾分詭譎的氛圍。

壯碩的警察簡單的問完話（大部分是穆罕默德代替飽受驚嚇的我回答），了解事情的原委後，要我和穆罕默德明早再來一趟，白色小帽的年輕人則被留在四壁蕭然的拘留室裡。

隔天一早我和穆罕默德準時抵達警察局，一行人浩浩蕩蕩地坐上悍馬車，出發前往偷我手機的年輕人的家裡，悍馬車的後車廂裡是左右兩排面對面的座椅，我和穆罕默德坐在一邊，白色小帽的年輕人坐在我們的對面，雙手放在大腿上，用一件土黃色的薄衣服蓋起來。同坐在後車廂的，還有一位挂著自動步槍的年輕警察。

悍馬車越開越遠，幾乎要看不見我昨天住的小村莊，路況也越來越差，開進鄉間顛簸不已的泥土路。後車廂裡的人都不發一語，耳際間只有搖晃的悍馬車哐啷哐啷作響。我們開進了一間位於山坡下的小農莊，然後把日上三竿還在呼呼大睡的小偷給挖起來。少了昨晚暴戾之氣的小偷跟警察們用史瓦希利語說了一些話，然後坐上了後車廂，一件舊上衣鋪在大腿上。

「手機被賣掉了，」穆罕默德解釋道：「現在我們要去另一個人的家裡。」

我們原路折返，回到村莊裡東繞西闖，另一個年輕人也坐上了悍馬車，就坐在我的身邊。

「我真的覺得很抱歉，如果我知道手機是偷來的，我就不會跟他買了，」深鎖的眉頭皺得像包子一樣的年輕人羞赧地對我說：「我是個虔誠的穆斯林，我不可能會做這種讓家族蒙羞的事情來。」

「害呦！都是你啦！認識你真的是倒了我八輩子的霉。」他轉過頭，向坐在對面的小偷連聲抱怨：「回去我怎麼跟我爸爸交代，」然後又緩緩地轉頭向我說：「I am so sorry......」他八字眉的囧樣，即使多年以後，我還是印象深刻，記憶猶新。後來我才知道小偷是酒癮犯了，沒錢買酒喝，才挺而走險；而且只賣了八百先令（約八塊美金），幾支啤酒一個晚上就花得精光，讓我不禁覺得好氣又好笑。

八字眉囧臉年輕人落寞的樣子，突然間讓我覺得：我才是搖搖晃晃的悍馬車裡，唯一一個壞人。

回到警局後，我們被要求分開做筆錄，我仍心有餘悸，甚至希望穆罕默德能在一旁陪同。

「拜託，這裡是警察局，不會有任何危險的，你的朋友就在隔壁房間做筆錄而已。」做筆錄的女警簡直白眼都要翻到後腦勺。

然而，昨晚瘋狂的一切，著實嚇到我了，如果在任何一個環節做錯了決定，踏錯了一步，就有可能掉入萬丈深淵，萬劫不復；一想到此，我不禁背脊一陣發冷。

　　「為什麼不從他們的手上，把手機給搶過來呢？」另一個身材魁武的的男警察問我們：「你們不是有兩個人嗎？對方也是兩個人阿！」一邊這樣說，一邊做出搶奪手機的動作，還對無辜的空氣踹了一腳。對於警察所提出來的疑問，我和坐在身旁的穆罕默德完全啞口無言，不知道該怎麼回答，只能不發一語的面面相覷。事後我冷靜回想，當時，我們確實有嘗試把手機搶回來，只是沒有成功罷了。

　　整件事情在一天之內順利落幕，上午回到警察局做筆錄，下午一點半馬上開庭，相當有效率。

　　「沒什麼意外的話，下午手機就可以拿回來了，」穆罕默德轉述警察說的一番話，著實讓我鬆了一口氣。我和穆罕默德肩並肩步行一公里回到村莊裡，先到他工作的餐廳知會他老闆一聲。從昨天傍晚到現在，他幾乎是完全放下手邊工作，協助我處理這一路來的大小事。據他所言，餐廳老闆也很關心事情的發展進度。

　　中午過後，我們又步行到警察局旁的法院，說是法院，也只是一間鐵皮波浪板屋頂的小建築物而已。法院的外頭即是受審犯人的候審室，鐵柵欄後一個個凝視的眼神如同刀子般銳利，經過時我刻意不往旁邊看去。

　　原告們都擠在法院門口等待唱名出庭，很快地就輪到我的案子，坐在正中間的法官用英文問我事發經過，再用史瓦希利語與被告交互詰問。我的黑色手機就擺在法官面前的桌子上當作證物。幾番來回交戰後，法官用英文直接了當的問我：「那麼你現在是要告對方，讓他作牢呢？還是把手機拿回來，這件事就當結案了，」法官接著說：「就算你告贏了，沒多久他就會被放出來了，故態復萌，什麼都沒有改變，你知道的，這裡是非洲，This is Africa.」

　　「把手機拿回來就好。」我看了一眼坐在旁聽席的穆罕默德，輕嘆了一口氣並說道。

　　「OK，你直接把桌子上的手機拿走就好。」法官說。

　　一切就這樣塵埃落定，然後我們步出了法院。

終章。那些單車旅行教我們的事

我買了兩瓶汽水，並將馬鞍袋裡的儲備糧食一一翻出，倒在床鋪上，與穆罕默德分享。對我而言，陪伴我渡過這趟非洲行最大難關的穆罕默德，簡直是我上輩子失散多年的手足兄弟；我心中的一塊大石頭終於放下，身體輕盈自在，有什麼比「失而復得」還來得更開心的呢。

那是一個陽光普照的午後，溫暖和煦的陽光自窗外灑落，我和穆罕默德促膝長談，聊著彼此的過往；聊到了他曾用一台該該叫的單車及簡陋的行李，環遊了肯亞一個多月──他說這是他這輩子第一次感到身心

是前所未有的自由；提到了我這趟曲折離奇的非洲之旅，包含幾次被當地人撿回家住的故事，然後聊到阿拉的教誨，以及古蘭經的教義。

穆罕默德一說到古蘭經的教義，整個人都飛舞了起來，說的英文又快又急，然而在那一個暖烘烘的房間裡，即使我從來不認為這個世界上有神佛，是個執拗的「無神論」者；但我卻可以完全聽得懂他說的那些古蘭經的教義：「一為全，全為一，整個宇宙萬物的運行，都被全能的真主阿拉給安排好了，一切都有最好的安排，就像此時此刻，我倆的相遇。」彷彿這個世界上真的存在一種天地萬物共同的語言。

我好奇的問他：「為什麼在那個時候，不顧一切放下手邊工作，執意要幫助我這個陌生人呢？」對他來說，我只是個匆匆的過客，或許經過了這一遭，我們這輩子再也見不著面。

「小時候我們家裡很窮，家裡兄弟姊妹一大堆，」穆罕默德娓娓道來，講起他的身世：「一家之主的爸爸卻跑路了，不知道去了哪裡；家裡的經濟重擔，全靠年邁的母親獨自支撐，你也只知道，像我們這樣保守的伊斯蘭社會，一個女人家要找到一份穩定的工作，養大幾個嗷嗷待哺的小孩是很困難的。」

我不發一語地聽穆罕默德說道。

「我能幸運地唸完小學；然後騎了單車去看看這片生於斯長於斯的土地；又在這個小村莊找到一份還不差的工作——全憑一個來自台灣的贊助者，幫助我完成小學的學業——縱使幾年間過去了，我永遠記得他的名字叫作：『Wen Chen Lin』。」

「所以，當我看到你從餐廳的門口失魂落魄地走進來，問我接下來該怎麼辦，又說到你是從『台灣』來的，我當下就覺得，這一切一定是阿拉的旨意，讓我在此時此刻遇到這個需要幫忙的陌生人……」

「哇！這一切，實在是……」我的眼睛瞪得好大，幾乎要說不出話來。老天真的很愛開玩笑，讓我平白無辜受了這麼多磨難，繞了這麼大一圈。

我突然間豁然開朗，想到了我的日文陳老師，她說：「你不用回報於我，只要記得以後當你有能力時，遇到需要幫助的人，不要吝惜給予，將『善緣』種子傳遞下去，如此這個世界才會越來越美好。」如今，十幾年過去了，萬水千山

尋，我才明白陳老師那一席話的真正含義。

另一方面，我想到這一路來幫助我順利走下去的每一個人：笑得燦爛，說這裡就是醫院的 Lokanda 茶館老闆；要我再回到蘇丹看看他們，說：「這裡就是我的家」的穆斯塔法及易卜拉欣一家人；收留我一晚，而我卻至今不知道他們名字的雜貨店老闆一家人；試圖扭轉我對衣索比亞不好印象，帶我去私房景點的藍色尼羅河大峽谷，把我當兄弟的澤卡里亞斯；以及正坐在我面前的穆罕默德。

對他們來說，我只是一個過客，是一個萍水相逢的陌生人，也許我們這輩子再也見不著面──只因為他們有虔誠的信仰，相信此時此刻彼此相識，一定有他的理由所在，一切都有最好的安排。正因為有他們的存在，才讓我多舛的非洲之旅更加完整。

西方主流媒體總是諄諄不悔地訓誡我們：「穆斯林大鬍子都是恐怖份子。」然而這一趟非洲行，毫無保留、全心全意接待我這個陌生人的，往往是這些有著虔誠信仰的當地人。

對我來說，這趟長達兩個多月的非洲行，已經找到「註解」，就算沒騎到南非的好望角，似乎也無足輕重。

………… 五花大綁的莎莉。

281

我將所有的物資留給了穆罕默德，包含了：我在蘇丹首都喀土穆瘋狂採買的糖果、餅乾、巧克力，以及一大盒雀巢三合一即溶咖啡包；差點被埃及鄉民搶走的兩條備用外胎；一雙慢跑鞋、上衣、幾雙襪子、幾條沒用到的備用內胎等等……全部都留給了穆罕默德，留給了我這個遠在肯亞的兄弟。

隔天一早，穆罕默德帶我去一家不起眼的小店，買了前往首都奈洛比的長途巴士車票，再帶我去街上的傳統市場買了兩個大麻布袋，花了五十先令，請一個裁縫車小販，將兩個麻布袋縫在一起，讓我可以把莎莉五花大綁，放進長途巴士的行李艙。

離開前我給了穆罕默德一個大大的擁抱，想到我們這輩子或許再也碰不著面，我的眼淚不爭氣地流了下來。我趁著穆罕默德沒看見時，趕緊擦拭掉──然後頭也不回地跳上了長途巴士。就像我當初離開印度的政府小醫院一樣，轉身瀟灑就走。

我在奈洛比的高級旅館住了好幾天，幾乎足不出戶，只有餓到受不了時，才走到旅館外頭的街上將就晚餐。甚至連到奈洛比機場的接駁，也都是由旅館安排。

或許我的非洲之行是戛然而止；而且剛從非洲回來的我，還處於腦筋一片空白的狀態，以至於我要花好幾年的時間，才能慢慢拼湊出這趟旅程的全貌，以及它對我的人生意義。

我才了解到，原來很多事情是早已安排好的，就好像有一隻看不見的手在默默推動著；只是在當時，我們還不夠成熟到：可以明白眼前所發生的這一切，究竟是為了什麼，而出現在我們短暫的人生旅途之中。

All is well ！

當驀然回首這崎嶇不平、蜿蜒曲折的過往時，我們都能坦然地莞爾一笑。

不期而遇，再不捨離別；而這一切都有最好的安排。

那是單車旅行教我們的事。

POSTSCRIPT

後記

　　不知不覺這趟看不見終點、遙無止境的華麗冒險就這樣十餘年了，或有崎嶇不平，或有泥濘不堪，然而我們能一路走來，不被殘酷的世界改變——全憑身邊親朋好友的提攜與支持，而我有必要向一直守護在身邊的人致上最誠摯的感謝：

　　感謝讓我走上這一條單車不歸路的 Deray 嘎嘎嘎，我是因你而開始單車旅行的；感謝海洋大學海洋環境化學與生態研究所的栽培，以及指導教授洪慶章老師的提攜，並排除眾議，讓我得以完成第一趟單車環北海道之行；感謝無償借予我網域空間的 Eric Chen，讓我的小小部落格及夢想得以延續；感謝帶領我進到自行車休閒產業這一行，一起曾翻滾過料羅灣的好兄弟；感謝在工作室草創最困頓時，拋下救命稻草予我的小馬、仕政、信賢、林翰、阿扁、吳哥、龔大哥、周叔叔及西班牙朝聖之路團友；熊文毅、Kaykay，及約書亞探索體驗學校；感謝曾經收留過我的尚品、阿憲老師、彩光之家。當然，我也要感謝我的家人默默支持，讓我這個永遠長不大的大孩子，可以用「出國進修日文」、「出國進修英文」的名義，在現實與理想的拉扯之間，完成單車環球的初衷。

　　我要感謝我的日文啟蒙——陳慧珍老師，在我徬徨少年時，給予我人生的方向與建議，能邁出那最困難的第一步。

　　除此之外，我要特別感謝 Jessie 的媽媽及其家人，在我尚無力負擔台北市的高租金時，伸出橄欖枝願騰出家中二樓一半的空間，讓我們環球工作室有個棲身之所，並得以發展至今。

　　「死不是生的對極，而是以另一種形式存在著。」

　　過去無法改變，但未來我們可以掌握，總有一天會雨過天晴，陽光普照。

　　Almost There！最後一哩路了。

當驀然回首這崎嶇不平、蜿蜒曲折的過往時，我們都能坦然地莞爾一笑。那是單車旅行教我們的事。

那些單車旅行
教我們的事

書　　　名	那些單車旅行教我們的事
作　　　者	阿拉喜（Alashi）
主　　　編	譽緻國際美學企業社・莊旻嬑
美　　　編	譽緻國際美學企業社
插圖、題字	Jessie
封 面 設 計	洪瑞伯
發 行 人	程顯灝
總 編 輯	盧美娜
發 行 部	侯莉莉
財 務 部	許麗娟
印 務	許丁財
法 律 顧 問	樸泰國際法律事務所許家華律師
藝 文 空 間	三友藝文複合空間
地 址	106 台北市安和路 2 段 213 號 9 樓
電 話	（02）2377-1163
出 版 者	四塊玉文創有限公司
總 代 理	三友圖書有限公司
地 址	106 台北市安和路 2 段 213 號 9 樓
電 話	（02）2377-4155、（02）2377-1163
傳 真	（02）2377-4355、（02）2377-1213
E - m a i l	service @sanyau.com.tw
郵 政 劃 撥	05844889 三友圖書有限公司
總 經 銷	大和書報圖書股份有限公司
地 址	新北市新莊區五工五路 2 號
電 話	（02）8990-2588
傳 真	（02）2299-7900

初　版　2022 年 05 月

定　價　新臺幣 458 元

ISBN 978-626-7096-06-2（平裝）

國家圖書館出版品預行編目（CIP）資料

那些單車旅行教我們的事 / 阿拉喜(Alashi)作. -- 初
版. -- 臺北市 : 四塊玉文創有限公司, 2022.05
　　面；　公分
　　ISBN 978-626-7096-06-2（平裝）

1.CST: 遊記 2.CST: 腳踏車旅行 3.CST: 旅遊文學

719　　　　　　　　　　　　　　　111004559

三友官網

三友 Line@